The Restricted Area

一般人は入れない

立入禁止地帯

危険度MAX版

歴史ミステリー研究会編

彩図社

はじめに

私たちが暮らしているこの地球には、何らかのワケがあって一般人が立ち入ることを禁じているエリアがいくつもある。

その多くは、人為的な理由で立入禁止になったところだ。今もロシアの首都の地下深くに眠るスターリンの秘密施設や、世界一治安の悪い都市サン・ペドロ・スーラなどが代表だ。

また、厳しい自然が人間を遠ざけているところも多い。ブラジルにある毒蛇だらけの無人島や、「地獄の門」と呼ばれる巨大ガスクレーターなど、自然は多様な姿を人間に対して見せてくれる。

なかにはごく限られた範囲で立ち入りが許可されている場所もあるが、そこに入るためには抽選で選ばれたり、1年に1日だけの狭き門をくぐったりする必要がある。

これらの規制は人命や環境を守るためのものだが、それでも禁じられた場所は人々の興味を引いてやまない。

入ることができないがゆえに気になる立入禁止地帯。そこにいったい何があり、どんな真実が隠されているのか、本書でぜひ確かめていただきたい。

2016年5月

歴史ミステリー研究会

1章 軍事機密の立入禁止エリア

もくじ

2章 命がけの危険エリア

3章 いわくつきの立入禁止エリア

【一般人は入れない立入禁止地帯 危険度MAX版】

もくじ

4章 気軽には踏み込めない特殊地域

【一般人は入れない**立入禁止地帯** 危険度MAX版】

もくじ

5章 大自然が脅威になるエリア

【一般人は入れない立入禁止地帯 危険度MAX版】
もくじ

6章　歴史的な逸話を持つ禁止エリア

【一般人は入れない立入禁止地帯 危険度MAX版】

もくじ

1章 軍事機密の立入禁止エリア

スターリンが作った秘密の地下世界

核戦争のための施設

敵国からの核兵器の攻撃に備えて、地下深く造られた秘密基地と地下鉄網――。

そんな漫画に描かれるような場所が、ロシアがかつてソビエト連邦と呼ばれていた頃、本当にあった。

その一部が、じつは今もロシアの首都にあるモスクワ大学に残されているのだ。

ロシア一の大学といわれるモスクワ大学は、モスクワの南西部、かつてレーニン丘と呼ばれた丘陵地帯に広大なキャンパスを構えている。18世紀中頃に創設された歴史ある大学で、今も多くの研究者が教育や研究に携わっている。

問題の施設は、そのモスクワ大学構内の建物から無数にのびる地下階段の先にある。

そこにはゴミが散乱した地下室がいくつも存在しているが、**何かの実験を行った研究室の跡**にしか見えないのだ。

地下室からは文章を暗号化するのに使われた暗号機も見つかり、さらに部屋にはぶ厚い鉄製の扉がつけられ、四方は防音のためかすき間なくコンクリートの壁できっちりと覆わ

モスクワの地下にある空間（Leonid Varlamov¦mmet.livejournal.com）（ENGLiSHRUSSIA（http://englishrussia.com/2010/10/07/secrets-hidden-under-the-moscow-state-university/#more-19098）より引用）

れていることも疑惑を深めている。

この施設こそ、かつてスターリンが**アメリカとの核戦争**に備えて準備させた**地下シェルター**だったといわれているのだ。

国の重要施設の地下に建設する

第2次世界大戦後、スターリンは西側諸国からの攻撃に備えて、政府の機関が集まる都市クレムリンを中心に空港などのモスクワ市内の主要な施設に秘密の地下シェルターを建設させたという。

旧ソ連の頭脳が集まっていたモスクワ大学もそのひとつで、今も残る地下室はシェルターの名残なのである。

地中深く造られた研究室では、**恐ろしい動物実験が一般の人の立ち入りを禁止して行われていたという噂もある。**

実際に海外メディアでは、当時スターリンが動物学者に命じ、人と猿をかけあわせた半人半猿の世にも恐ろしい生物をつくらせようとしていたという話が報じられている。

動物の運動能力と人間の知能をあわせもった禁断の生物兵器の研究が、モスクワ大学の地下で行われていたのだろうか。

さらに、スターリンをはじめ幹部たちがそれらの施設を行き来するための移動手段もあわせて用意された。

地下50～200メートルに造られた地下鉄網がそれにあたり、地下鉄で結ばれた地下シェルター群は**「メトロ2」**と呼ばれるようになった。

圧倒的な権力を行使したスターリン

そもそも、モスクワの地下鉄は1935年に開業している。

地下鉄の敷設は国家の威信をかけた大事業で、各地から大理石や御影石を運び入れ贅《ぜい》の限りを尽くして装飾を施された。

事実、モスクワの地下鉄の駅は今でも**〝地下宮殿〟**と称賛されるほど壮大で美しいものが多い。

そうして張り巡らされた地下鉄網は、モスクワの主要交通機関であるばかりか、戦時下では線路に板を敷くことでシェルターの役割も果たした。

とはいえ、最初から軍事目的ではないため

“地下宮殿”と呼ばれるモスクワの地下鉄の駅（©Jorge Lascar）

実際の攻撃に耐えうる強度はなかったはずだ。しかも、その存在は既に公のものになってしまっている。

そこで、スターリンは緊急時に使用する「第2の地下鉄」としてメトロ2を造営させたのだろう。

1930年代の旧ソ連に君臨したスターリンは、**「血の粛清」**と呼ばれる大粛清を行ったことで知られている。**秘密警察**を使って反対勢力を抑え込み、政治家から一般市民まで数百万人ともいわれる人々を殺害した独裁者である。

圧倒的な権力を振りかざし、地下鉄網と地下シェルターの整備を有無を言わせずに命じている様が目に浮かぶ。

ロシアの地下にはそんな独裁者の負の遺産が残っているのだ。

海上に残る第2次大戦時代の要塞

イギリスにある異様な建造物

2015年に世界遺産に認定された長崎県の端島は、そのシルエットが軍艦に似ていることから軍艦島と呼ばれている。

とはいえ、島はかつて海底炭鉱で栄えた産業遺産で、軍艦でもなければ戦争中に海上要塞として使われたこともない。

ところが、遠く海の向こうのイギリスには、第2次世界大戦のときに**実際に敵機を迎え撃った要塞**が今も海上に残っている。それも1つや2つではないのだ。

その名も**「マンセル要塞」**は、イギリス南東部のテムズ川河口、そしてテムズ川が注ぐ北海の沖合に今も残る**戦争遺跡群**である。

水中から巨大なカメラの三脚のようなものが海上に向かって伸びており、その上に窓がいくつもついた鉄筋コンクリート製の建造物が据えつけられている。

その高さは巨大タンカーほどもあり、風雨にさらされて錆びついた不気味な姿は、「SF映画に登場する異星人の巨大兵器のようだ」とネット上でいわれている。それが河口や海上に無数に残っているのだ。

現役当時のマンセル要塞（1943年11月）

ドイツ空軍を海の上で迎え撃つ

これらは今から70年あまり前の第2次世界大戦中にトーチカ、つまり**攻撃拠点**としてイギリス軍によって造られた。マンセル要塞の名前は、当時の設計者ガイ・マンセルにちなんだものだという。

1939年9月、ポーランドに侵攻したヒトラー率いる**ドイツ軍**は翌年6月にパリをも占領し、その矛先をイギリスに向ける。

そうしてイギリス本土への上陸作戦に向け、ドイツ軍はイギリス軍との間で「バトル・オブ・ブリテン」と呼ばれる激しい空中戦を展開することになる。

ドーバー海峡上で行われたこの戦いで、イ

ギリスは自慢の最新鋭レーダー網を駆使してメッサーシュミットなど迫りくるドイツ空軍の戦闘機を迎え撃った。

マンセル要塞もこのときに防衛網の一環として設置され、**対空機関砲を備えてドイツ軍機を迎撃した**のだ。

トーチカには300人ものイギリス兵が待機していたという。逃げ場のない海上、ましてや閉ざされた狭い空間で頭上から襲いかかる敵機を待つ兵たちの緊張感は、想像を絶するものだったはずだ。

このバトル・オブ・ブリテンに勝利したのはイギリスだった。ドイツ空軍は3ヵ月で1700機もの戦闘機を撃墜され、イギリスへの上陸を断念。第2次世界大戦で初めてドイツが大敗を喫した戦いになった。

こうしてマンセル要塞もその役割を終えたのである。

海賊放送のために乗っ取られる

戦後、トーチカのいくつかは取り壊されたものの、その多くは水上に立ち続けたまま放置された。

陸上からは断絶され、風雨をしのげるばかりか戦闘機の攻撃をしのいだほど屈強な建物である。アウトローにとってはおあつらえ向きの廃墟となった要塞は、1960年代には**ラジオの海賊放送を行う男たちに、数年の間乗っ取られてしまう**。周囲に障害物が何もない海の上は放送局としてはこのうえない環境だったからだ。

左:船上から見たマンセル要塞。（©Steve Cadman and licensed for reuse under Creative Commons Licence）

下:船上から見ると、侵入は容易でないのがわかる。（©Hywel Williams and licensed for reuse under Creative Commons Licence）

ちなみに、そんなアウトローの1人である元イギリス海軍少佐の**ロイ・ベーツ**氏は特に世間を騒がせた人物だ。

彼は、海上に残るマンセル要塞のひとつがイギリスの領海外であることに目をつけ、そこを不法に占拠すると**「シーランド公国」**を名乗り勝手に独立を宣言してしまった。

国際的にはまったく認められてないこのシーランド公国だが、独自の通貨を発行するなどしていまだに存在し続けている。これも第2次世界大戦が残した負の遺産のひとつといえよう。

テムズ川河口のトーチカには**船が衝突し、死傷者を出す事故も起きている**。しかし巨大なうえに数も多いため今もなお解体処分は行われていない。莫大な費用の捻出もイギリス政府としては頭の痛いところだろう。

世界一危険な38度線のゴルフ場

半島を二分する場所にある

世界でもっとも危険なゴルフ場はいったいどこにあるかご存じだろうか。

大海原をのぞむ断崖絶壁や、火山の噴火口近くの溶岩コースを思い浮かべる人がいるかもしれない。たしかにそんなゴルフ場があれば危険である。

しかし、それ以上に恐ろしいゴルフ場が存在する。そこでプレイするには、よほどの勇気が必要だ。

その場所は朝鮮半島にある。北朝鮮と韓国を隔てるのは38度線だが、まさにその**38度線にコースが作られているゴルフ場がある**のだ。

戦争が残した境界線

そもそも38度線とは、朝鮮半島を横切る北緯38度線をさしている。

朝鮮半島のど真ん中に、どうしてこのような境界線が引かれることになったのだろうか。

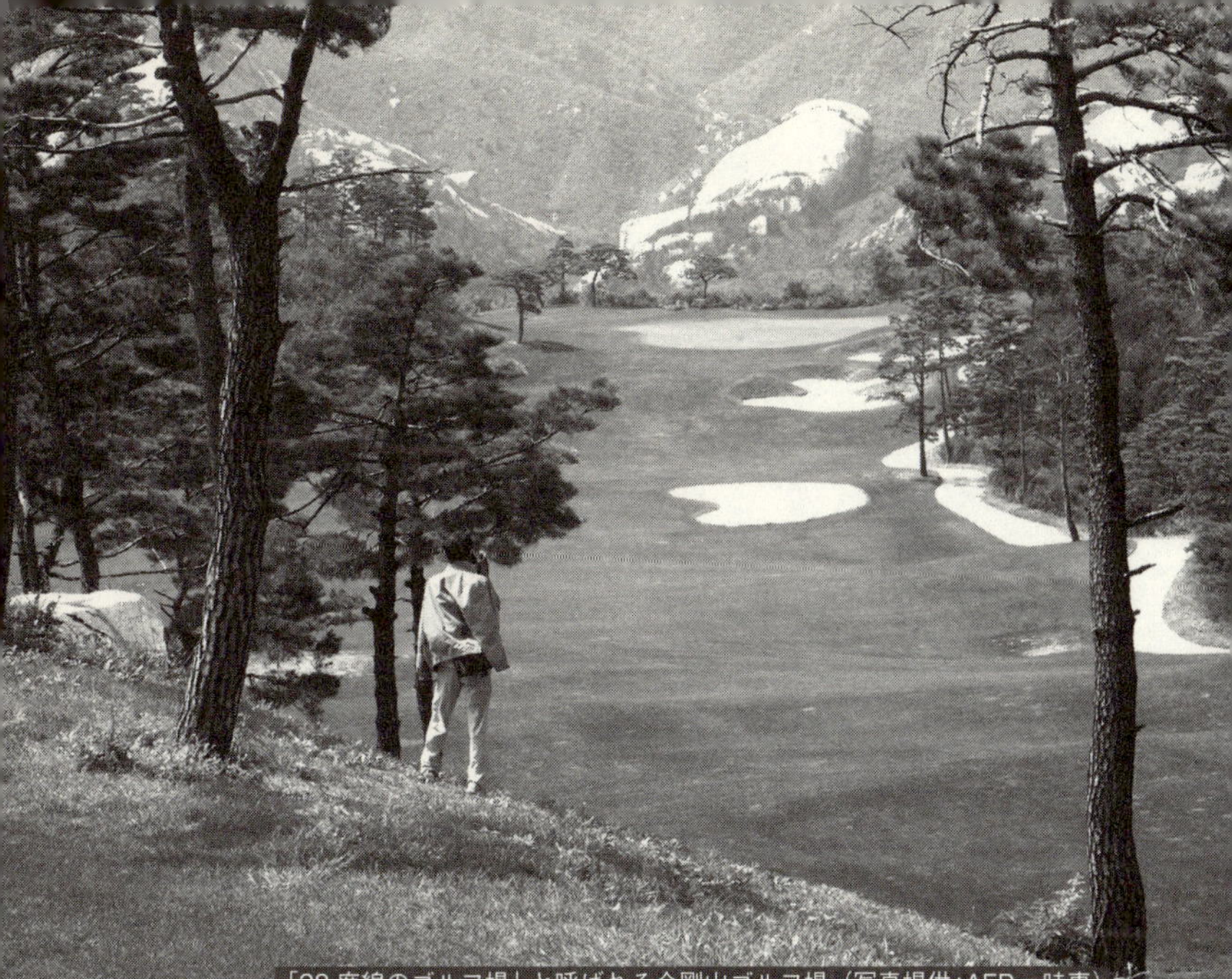
「38度線のゴルフ場」と呼ばれる金剛山ゴルフ場（写真提供：AFP＝時事）

第2次世界大戦末期の1945年8月9日、大日本帝国に宣戦布告したソ連は満州および朝鮮半島北部に軍を進めた。

このままではソ連が朝鮮半島を占領してしまうと危惧したアメリカは、ソ連に対して半島の分割占領を提案したのだが、その際アメリカとソ連の分割占領ラインとして定められたのが38度線である。

それ以来、ここは北朝鮮と韓国が接する緊迫した場所となり、**南北朝鮮が常ににらみあっている**のだ。

そんな場所にゴルフ場を造っても、いったい誰がのんびりプレイをするのだろうかといぶかる人も多いだろう。

そもそも、その場所には**韓国の人々は近づくことさえ許されていない**。行くことができるのは外国人観光客だけなのだ。

訪れるには「宣誓書」へのサインが必要

ゴルフ場があるのは、正確には38度線そのものではない。そこからさらに5キロ南にある休戦ライン、いわゆる板門店である。観光客はソウル市内からバスで3時間以上もかかる板門店まで行くことになるのだ。

米軍と韓国軍が共同で警備している板門店では、観光客は厳しいチェックを受けたあと**「宣誓書」にサインをさせられる**。

「ここで少しでもおかしな動きをすれば**北朝鮮から狙撃をされて命を落とすこともある**」ということを承知する旨の誓約書である。

こんなものにサインしなければならないことがすでに常識を越えているといっていいだろう。

軍事境界線の隣にある謎のコース

板門店では、観光客は限られた場所なら見学することができる。お金を払えば食事をすることもできる。

さんざん脅されたわりには平穏な空気が漂っており、南北の緊張感とは違ってあたりにはのどかな自然風景が広がっているのだ。

しかし、それはあくまでも「おかしな動きをしない」ことが大前提である。もし何かあやしい動きをすれば、どこからか銃弾が飛んでくるのだ。

そんな緊張感の中で周囲の田園風景を眺め

非武装地帯の韓国側チェックポイント（©Johannes Barre, iGEL and licensed for reuse under Creative Commons Licence）

ていると、やがて、ひどく違和感のあるものを発見する。それが、ゴルフ場だ。

プレイする人の姿はめったに見られない。何のために造られたゴルフ場かもわからない。しかし、整備されたコースがあるところを見ると、間違いなくそこはゴルフ場なのだ。しかも、わざわざ「世界でもっとも危険なゴルフ場」と書かれている。

さらに詳しくいえば、南北の非武装地帯（DMZ）にある世界一小さくて危険なこのゴルフコースは、あろうことか**軍事境界線のすぐ隣にある**のだ。

もしも鉄条網を越えてOBでもしたら、**あたりは地雷だらけ**で、絶対にボールは戻ってこない。当然、球はロストボールになる。

勇気があるなら、ここでプレイしてみないかと言わんばかりの場所なのである。

生物兵器が放棄されたままの廃墟

旧ソ連が放置した研究所

世界では、ホラー小説を地で行くような出来事が現実に起きている。中央アジアのアラル海に浮かぶ**ボズロジェーニエ島**がその舞台のひとつだ。

塩湖であるアラル海は、かつてソ連領の一部だった。そして旧ソ連には、世界一進んでいたといわれる**生物兵器の研究開発計画**が存在した。

遺伝子操作された猛毒の細菌類を使った兵器の開発も進められていたとされている。

驚くべきことに、ソ連崩壊後は旧ソ連領のあちこちに、それらの**研究所が放置された状態にある**のだという。

ボズロジェーニエ島にも**生物兵器研究所**が置かれていた。

この島で研究されていたのは、炭《たん》疽《そ》菌《きん》やペスト菌、ボツリヌス菌やブルセラ菌、ベネズエラウマ脳炎ウイルスや天然痘ウイルスなど40種類以上にものぼる。

そして、それらのきわめて毒性の強い病原菌やウイルスなどの多くが未処理のまま残されているのである。

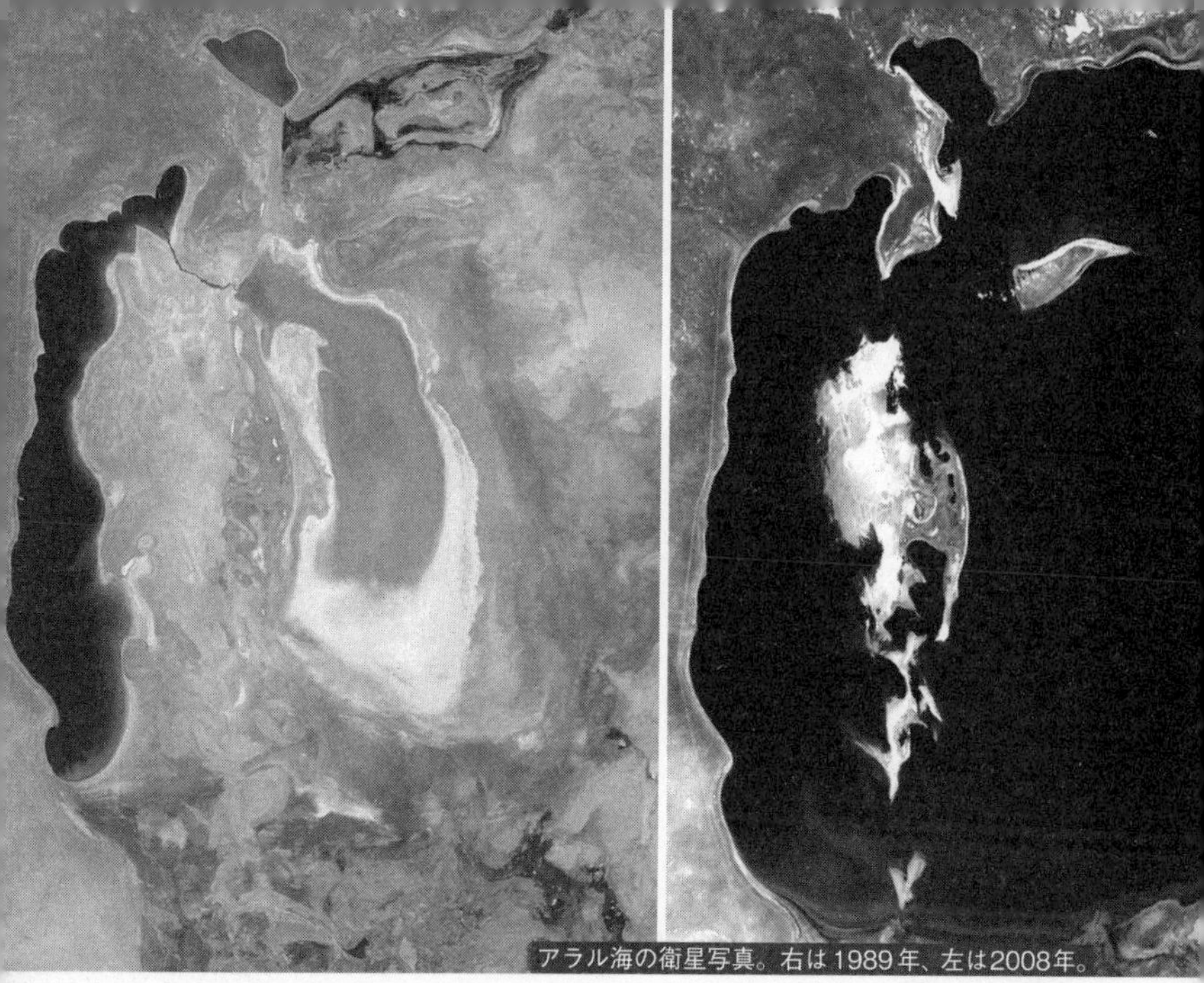

アラル海の衛星写真。右は1989年、左は2008年。

水が減って島が島でなくなる

ボズロジェーニエ島の状況が深刻になったのは、周辺状況の変化によるところが大きい。

アラル海は、ウズベキスタンとカザフスタンの間にある湖で、世界で4番目の広さを誇っていた。

しかし、無計画な灌漑計画などによって水量の減少が続き、現在ではほぼ干上がった状態になっているのだ。

このことによって、かつてはアラル海の中の島だったボズロジェーニエ島は、**周囲と陸続きになった**のである。

無人のまま放置された研究所は荒らされ、機密情報も持ち出されたといわれる。

しかし何より恐ろしいのは、研究所に放置されているウイルスや細菌が、外部に持ち出される可能性があることなのだ。

稼働当時から死亡事故があった

生物兵器の研究所に対する旧ソ連の管理体制は行き届いているとはいい難かった。各地の実験場では、ウイルスや細菌の漏えい事故が多発したといわれている。

ボズロジェーニエ島でも、1980年代に生物兵器の実験による**ペストの流行**や、**家畜50万頭の大量死**が起き、対岸の沿岸部の住民に**避難命令**が出る事態になった。

旧ソ連の内部文書によれば、天然痘ウイルスに感染して研究所の職員が死亡した事故も起きているという。

1995年には、アメリカ軍の調査によって膨大な量の炭疽菌の胞胚《ほうはい》が地下に埋められた状態で残っていることが判明した。

ウズベキスタン政府は、2002年にアメリカ軍の協力で研究所内に残るすべての炭疽菌を除染したと発表している。

しかし、朽ち果てた研究所の奥には、多くの危険な細菌やウイルスが手つかずの状態にある。

動物やテロリストが有害物質を拡散する

致死的な症状をひき起こす細菌やウイルス

実験場に資材を運ぶ船のために作られたタンク（アンドレイ・イーレシュ著『KGB極秘文書は語る―暴かれた国際事件史の真相』（文藝春秋刊）より引用）

の危険性が指摘される現在では、ボズロジェーニエ島に立ち入る人はいない。施設はアメリカ軍によって厳しく管理され、一般の人は近づくことすらできない。

しかし、**問題は人間だけではない**。島には渡り鳥が訪れるうえ、陸続きとなったことでネズミなどの小動物も行き来するようになった。動物を媒介として、致死性の高い細菌やウイルスが周辺にばらまかれる危険性も十分にあるのだ。

また、これらの生物兵器が**テロリスト**の手に渡ったとしたら、さらなる脅威になることは明白だ。

ホラー小説さながらの展開ではあるが、これは現実の世界での出来事なのだ。冷戦時代の負の遺産が、人類の存亡を脅かしかねないのである。

不発弾と化学物質が埋まっている村

人が消え森と化したかつての村

フランスというとまずパリの街並みを思い浮かべる人が多いかもしれないが、地方へ足を延ばせば風景が一変する。

広々としたブドウ畑や牧草地など、日本ではちょっとお目にかかれないような景色に出会える。また、おとぎ話に出てくるようなかわいらしい村もある。

こぢんまりとした村は人口も少ないものだが、ロレーヌ地方には**住民が1人もいない村**が存在する。

ドゥオモン村もそのひとつだ。

現在、ドゥオモンの名でよく知られているのはドゥオモン納骨堂だろう。戦死者の遺骨を納めている施設で、観光客も訪れることができる。

しかし、ここは本来のドゥオモン村ではない。**人が住んでいた痕跡などひとつもないうっそうとした森**こそが、ドゥオモン村があった場所なのである。

元の村から人々が立ち去ったのは、**第1次世界大戦**のあとだ。それ以来、住民は戻ることを許されず、ドゥオモン村はうち捨てられ

森と化したドゥオモン村の跡地。看板には「破壊された村」と書かれている。
（Crack Two（http://www.cracktwo.com/2016/01/still-restricted-100-years-later-zone.html）より引用）

たままになっている。

遺体と不発弾がごろごろと転がる

なぜ、ドゥオモン村は廃虚になってしまったのだろうか。

その原因は、**ヴェルダンの戦い**にある。フランス軍とドイツ軍の両方を合わせておよそ**70万人の死傷者**を出したとされる、第1次世界大戦の中でももっとも激戦となった戦いだ。

このヴェルダンの戦いによってドゥオモン村も破壊されたのである。

戦争で大きな被害を受けても元通りに再建された村や街は多い。しかし、そうできない事情がドゥオモン村にはあったのだ。

第1次世界大戦では14億発もの砲弾が使われ、そのうちの1割は**不発弾**になったといわれる。

雨あられと砲弾が降り注いだドゥオモン村でも、大量の不発弾が残ってしまったのだ。

そのうえ、**戦闘で犠牲になった人々の遺体もごろごろ転がっている**。それらの処理が追いつかず、政府は住民を強制的に立ち退かせたのである。

ところが、戦後数十年も経つと立入禁止の森にこっそり忍び込むハンターなどが現れるようになった。

まだ不発弾は残っていて、暴発すれば命を落としかねない。にもかかわらず、彼らは獲物を獲ったり、それを森で保管したりしていたようだ。

しかも、不発弾の脅威は暴発だけではなかった。砲弾に使われた**化学物質**が長い年月をかけて溶け出し、土壌を汚染し続けていたのだ。

2004年にドイツの研究者が森の土壌を調査したところ、**非常に危険なレベルのヒ素を検出した**という。

あまりにも危険だということで、フランス政府は2012年にこの地域への立ち入りを完全に禁止した。そうして、立入禁止になった一帯は**「ゾーン・ルージュ（レッドゾーン）」**と呼ばれるようになったのである。

1万年残り続ける汚染の影響

ドゥオモン村のように無人になった村がロレーヌ地方には6つあり、ゾーン・ルージュ

ドゥオモン村の地下から発見された兵士の遺物。1916年6月に死んだチャールズ・デスプランク氏のもののようだ。（写真提供：AFP＝時事）

に指定された範囲は広大だ。

フランス政府は残った弾薬を取り除き、安全な土地を取り戻す作業を行ってはいる。ただ、危険を伴う作業でもあるためになかなか思うように進んでいないのだ。

今のペースで続けていれば、完全な撤去には700年かかるという計算もある。また、水銀や鉛、亜鉛などでひどく汚染された土地は、**1万年は影響が残る**ともいう。

さらに、フランスの砲弾回収協会が破産してしまったため、20ヘクタールのゾーン・ルージュは**手つかずのまま**なのだ。

ゾーン・ルージュ以外でもいまだに人骨や砲弾のカケラが出てくることがある。第1次世界大戦の開戦からすでに1世紀以上が経ったが、戦闘の深い傷跡は今も人々を危険にさらし続けているのである。

世界最大のアメリカ軍の弾薬庫

7名が死亡する事故が起きる

アメリカのネヴァダ州にある軍事施設といえば、真っ先に**エリア51**を思い浮かべる人もいるだろう。公式にはその存在が否定され続けている、もっとも有名な秘密基地だ。

しかし、ネヴァダ州にある基地はエリア51だけではない。

２０１３年3月、海兵隊員が訓練をしている最中に**60ミリ迫撃砲の砲弾が砲身の内部で爆発し、7名が死亡、7名が負傷する**という事故があった。

これは**ホーソーン陸軍補給基地**で起きた出来事だ。

ホーソーン陸軍補給基地は、ネヴァダ州の西部に広がる乾燥した荒れ地に造られており、面積はおよそ6万ヘクタールと、巨大な基地である。

基地の使用が始まったのは１９３０年のことだ。はじめは海軍の施設だったが、１９７７年に陸軍へと所属を変えた。90年代の半ばまでは、兵器工場としての役目も果たしていた。

軍の施設だから当然といえば当然なのだが、

上空から見たホーソーン陸軍補給基地（©Ken Lund and licensed for reuse under Creative Commons Licence）

警備は非常に厳重で、民間人はおいそれと入ることはできない。

そんなホーソーン陸軍補給基地では、いったい何が行われているのだろうか。

敷地内に置かれた大量の弾薬

補給基地の名でわかるとおり、ここは予備の弾薬を保管している。

何をどのくらい備蓄しているかは明らかにされていないものの、**その量がハンパでない**ことは確かだ。

弾薬の保管というと倉庫などの建物を想像するかもしれないが、ホーソーンでは小山のような形をしたドームがいくつも並んでいる。

この小山は、いわば弾薬のカバーだ。頑丈なカバーで弾薬を保護し、保管しておくのである。

こうした保管庫を掩蔽壕《えんぺいごう》と呼ぶが、敷地の中には2000以上もの掩蔽壕が存在する。いうまでもなく、その下には大量の弾薬が眠っている。そのため、ホーソーン陸軍補給基地は**世界でも最大の弾薬庫**だといわれているのである。

もっとも、戦闘が始まったからといって、すぐにここから弾薬が運び出されるわけではない。これらは大規模な戦闘に対しての備えで、**戦闘が30日以上続いて弾薬が足りなくなったときに補給する**そうだ。

これだけの弾薬を抱えていれば危険も多い。ちなみに、素早く事故に対応できるようにホーソーン基地には救急隊も配備されているという。

厳重な管理と大規模な訓練

ところで、ホーソーン陸軍補給基地は弾薬を貯蔵するほかにも重要な任務を持っている。ひとつは**重金属の処理**である。

古くなったり廃棄が決まったりした兵器は、普通のゴミのように捨てることはできない。そこで、ホーソーンで武器を無力化する作業が行われているのだ。

作業の間には危険性が高い化学薬品を使ううえ、有害な金属も出る。有害金属は銅で作った容器に詰め、さらに大きなドラム缶に入れて、厳重に管理・保管されるという。とても

米海軍特殊作戦部隊の訓練の風景。この基地では海軍の兵士も訓練を行っている。

人家のそばでできるような仕事ではないのである。

また、**兵士たちが訓練を行う場所**としても利用されている。

アフガニスタンに派遣される兵士は出発前にここで訓練を行ったというが、その規模がすごい。敷地内にアフガニスタンとそっくりな街を、実物大で作り上げてしまったのだ。

物陰には敵を想定した人形まで置くという念の入れようだ。アメリカにいながらにして、兵士はアフガニスタンでの戦闘をシミュレーションできたわけである。

こうした要素を考えれば、警備が厳しくなることにもうなずけるだろう。

2005年には基地の閉鎖が検討されたが、その案は取り下げられている。この基地の重要性が認められている証なのかもしれない。

世界の通信を傍受している基地

アメリカが運用するイギリスの基地

イギリスのノースヨークシャー州にあるハロゲートは有名な保養地だ。特に富裕層に人気が高く、ミステリー作家のアガサ・クリスティも訪れた。

かつて湧き出していた温泉は涸れてしまったものの、優雅な雰囲気をたたえた街には今も多くの観光客がやってくる。

牧草地では羊が草をはんでいたりしてのどかな風景に出会えるのだが、その目と鼻の先には奇妙な眺めが広がっている。

巨大なゴルフボールのような白い球形の建物がいくつも建ち並んでいるのだ。

SFに登場する宇宙基地にも見える建物群は、じつは軍事施設である。ここは**メンウィズヒル**という空軍の基地なのだ。

メンウィズヒルはイギリス国防省の管轄下にあり、最先端のテクノロジーを駆使して情報の収集を行っている。

基地にはイギリス国防省、政府通信本部の職員に加え、アメリカ国家偵察局のスタッフも常駐している。

しかも、**イギリス軍の基地でありながら、**

基地内に立ち並ぶエシュロン（©Jonathan Riddell and licensed for reuse under Creative Commons Licence）

運用の大半はアメリカ国防省が担っているという。なんとも不思議な話だが、そこには理由がある。メンウィズヒルは、**エシュロン**と深い関わりがあるとみなされているのだ。

通信を傍受するための施設？

エシュロンはアメリカ主導で始まった、軍事利用を目的とした全世界を網羅する通信傍受システムである。

電話やメール、FAX、無線、インターネットの閲覧記録など、**あらゆる通信を盗聴できる**といわれている監視ネットワークだ。

このシステムはアメリカ、イギリス、カナダ、オーストラリア、ニュージーランドの5

カ国が運用しており、データの解析はアメリカ国家安全保障局（NSA）が担う。5カ国は1948年に秘密協定を結び、協力して通信傍受を行うようになった。

今でもメインはこの5カ国だが、ドイツやスペインなどが協力しているともいわれ、日本も参加している可能性が大きいという。実際、青森県の三沢飛行場のそばにエシュロンの傍受基地があるとみられているのだ。

そして、各地に存在するエシュロンの施設の中でも最大拠点と考えられているのがメンウィズヒルなのだ。

1960年に開設されたメンウィズヒルは、**早くから最新技術を導入して通信を傍受してきた**。現在、基地でもっとも目を引く巨大ゴルフボールは、レーダーアンテナとそれを保護するドームを兼ねた設備で、「レドーム」と呼ばれるそれは敷地内に30基以上も設置されている。

レドームとエシュロンが密接に関係しているため、運用もアメリカのスタッフが中心に行っているというわけだ。

入れるのは
基地内でも一部の人

エシュロンについては世界中でいろいろと語られているが、どれも憶測の域を出ない。というのも、その存在が公的には認められていないからだ。

しかし、メンウィズヒルはエシュロンの基地のひとつであると欧州議会が報告しているほか、市民団体やジャーナリストからも疑惑

基地の周囲には、フェンスの内部とはかけ離れたのどかな草地が広がっている。
（©Malcolm Street and licensed for reuse under Creative Commons Licence）

の声が上がっている。

　もっとも、それを証明するのは容易なことではない。メンウィズヒルのセキュリティは最高レベルといわれるほど厳重なのだ。

　基地を取り囲む高いフェンスには**多数の監視塔**が設けられ、**犬を連れた警備員**が常に巡回している。フェンスには**レーザーセンサー**がしかけられているという噂もある。

　もちろん、一般人が敷地内に立ち入ることは禁じられており、こっそり忍び込むのも難しい状況である。レドームへの立ち入りはさらに厳しく、**基地内でも一部の人間にしか許されていない**らしい。

　イギリス国防省は、あくまでも法令に従った仕事をしているだけだと主張するが、レドームの中で何が行われているのかは謎に包まれたままである。

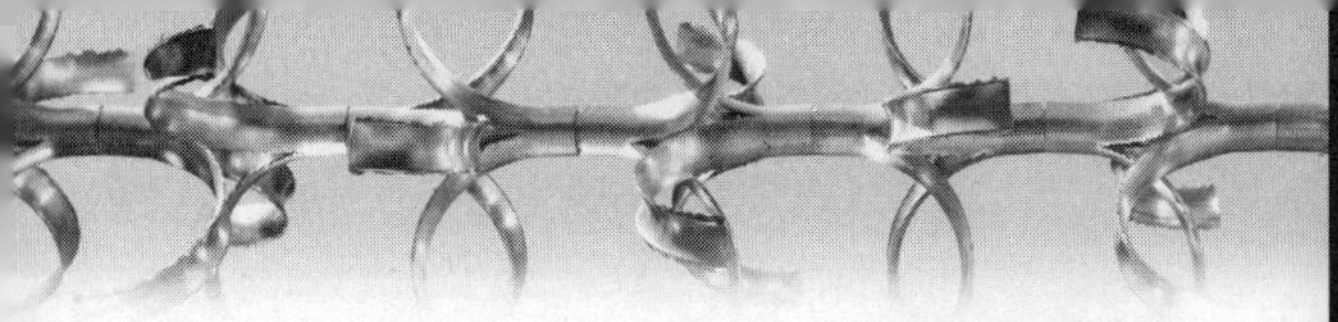

「基地の島」になった硫黄島

約3万人が命を落とした島

　小笠原諸島の南端にある硫黄島は、太平洋戦争の激戦地として有名である。

　映画や小説の中でも繰り返し描かれているように、1945年2月に硫黄島に上陸したアメリカ軍に対して旧日本軍は徹底抗戦を続けた。1ヵ月以上に及んだ激戦の末、日米合わせて**3万人近くの兵士が命を落とした**のである。

　そして、硫黄島で没した日本人兵士たちの遺骨の半数以上に当たる1万2000柱余りが、いまだに激戦の地に埋もれている。

　遺骨の収集が遅れている原因は、硫黄島が一般人の上陸が禁じられた**「基地の島」**になってしまったことにある。

貴重な硫黄が採れる豊かな島だった

　硫黄島は、1543年にスペインの船「サン・ファン・デ・レトラン号」によって発見された火山列島の中のひとつだ。

硫黄島

　１７７９年にはイギリスのジェームズ・クック船長によって目撃され、「ノース・アイランド」「サルファー・アイランド」「サウス・アイランド」と命名された。

　それからおよそ１００年後の１８８９年に硫黄の採掘と漁業のための入植が始まり、１８９１年に北硫黄島、硫黄島、南硫黄島と名づけられたのである。

　これらの島は、富士火山帯上にある。なかでも、硫黄島は現在も隆起を続ける火山島であり、**島のあちこちから硫黄が採れた**。

　硫黄は硫酸や黒色火薬の原料となるため、「黄色いダイヤ」と呼ばれて高値で取引されていたのである。

　その豊富な資源と豊かな海に囲まれて、島民たちの暮らしは**小笠原諸島のなかでも指折りの豊かさだったという**。

一般の日本人には入れない島になる

のどかに暮らしていた島民の生活を一変させたのは、太平洋戦争だ。

旧日本軍の陸海軍の最前線基地が置かれた硫黄島は、アメリカによる空襲で**焼け野原**となり、島民は本土に疎開するしかなかった。

終戦後、アメリカ軍に占領されていた硫黄島は、1968年に小笠原諸島が返還となった際に日本の領土として戻ってきた。

しかし、島民たちが再び島の暮らしを取り戻すことはできなかった。返還後の硫黄島には、アメリカ軍が使用していた滑走路や施設を引き継ぐ形で自衛隊の海上基地や航空基地が設置されたのだ。

硫黄島の基地施設などは海上自衛隊によって管理されているものの、基地以外の場所は荒廃し、戦時中の防空壕などがそのまま放置されている。

自衛隊の拠点となった硫黄島には、慰霊や施設の工事などの例外を除いて、**一般の人の上陸は許可されていない**。

ちなみに、島に駐留する自衛隊員の間では、**「硫黄島には幽霊が出る」**という噂がまことしやかに語られているという。

幽霊話の真偽のほどはさておき、今もその地に眠る1万2000柱余りの無念はたしかに存在するだろう。

戦後70年を過ぎ、硫黄島の激戦を語り継ごうという試みも始まった。同時に、国も遺骨収集に向けた基本計画をもとに、遺骨の収集作業を加速させる取り組みを開始している。

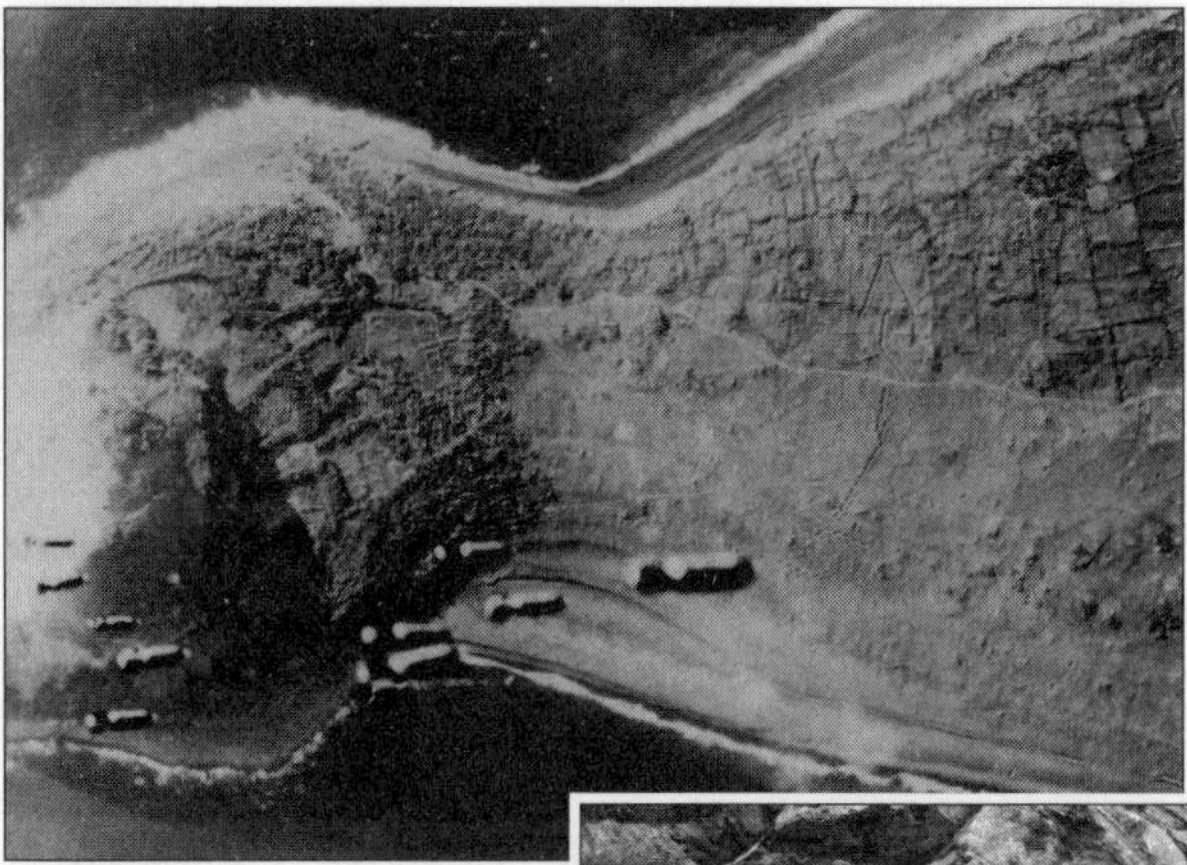

上:米軍の攻撃にさらされる硫黄島。島の一部が区画整理されているのがわかる。

今も島に残る遺構。右は岩に残る銃痕、下は放置されたかつての武器。
（右:©Agsftw/下:©Stefan Krasowski and licensed for reuse under Creative Commons Licence）

富士山のふもとにある自衛隊演習場

実弾が使われる演習場

地震や風水害など大規模な災害が起きたときに、救助活動をする自衛隊員の姿を見たことがある人は多いだろう。

自衛隊が出動するのはそのような過酷な状況が多いが、彼らはそれに立ち向かえるよう日々訓練に励んでいる。

隊員が訓練を行う演習場は、大小合わせて全国に90ヶ所近くある。富士山の裾野に広がる**東富士演習場**もそのひとつだ。

静岡県の御殿場市、裾野市、小山町にまたがる東富士演習場は、面積が約8800ヘクタールある。東京ドームが1870個も収まってしまうほどの広さだ。

ここは、旧日本陸軍の時代から演習場として使われてきた。そのため陸上自衛隊が利用するようになった今も、当時のトーチカ（防御のための設備）が残っている。

現在、入口のゲートには**「富士演習場／立入禁止／自衛隊」**とある。

部外者が立入禁止になるのも当然で、ここでは戦車が走ったり、**実弾を使った訓練**が行われているのである。

富士山のふもとに広がる東富士演習場（写真中央部）

敷地内には**不発弾**が残っている恐れもあり、うっかり踏み込んではいけない場所なのだ。

山菜採りができる地権者もいる

原則的に一般人は立入禁止になっているものの、じつは東富士演習場に立ち入りが認められている人々がいる。

ほかの演習場と違って、東富士演習場の約6割の土地は民間人が所有している。そのため、**土地の所有者は敷地に入ることができる**のである。

もちろん、立ち入りが許可されるのは決められた日だけだが、そのときは山菜採りやキノコ狩りを楽しむという。

「入会権」と呼ばれるこの権利を持っている人は、およそ5000人いるが、**正式な許可証を持たずにこっそり忍び込んでスキを狙う不届き者**も後を絶たないらしい。

　武器弾薬の管理は厳重に行われており、薬《やっ》莢《きょう》や不発弾は訓練が終わってから回収するようになっている。

　とはいえ、多くの実弾を使うせいで、現実にはすべてを見つけるのは難しい。そうして回収しきれなかった不発弾などを手に入れようと、ミリタリーマニアが侵入することがあるのだ。

　2003年にはこんな事件も起きている。ネットオークションにかけられた不発弾が、荷物の品名が記されないまま配達された。**不発弾は途中で暴発**し、宅配業者が大けがをしたのである。

　不発弾を売った男の供述によれば、東富士演習場に忍び込んでひそかに持ち出したものだったという。

　演習場には、素人が手を出すには危なすぎる代物《しろもの》が転がっているのだ。

1年に1度のイベントは狭き門

　ところで、ふだんは立入禁止の東富士演習場に一般人が堂々と入れる日がある。毎年、夏に行われている**「富士総合火力演習」**、通称「そうかえん」というイベントがそれだ。

　国内最大の実弾射撃演習で、戦車やヘリコプターが動き回り、轟音をたててロケット弾

「そうかえん」の様子。これを実際に見るには難関を突破する必要がある。（出典：陸上自衛隊facebook・https://www.facebook.com/media/set/?set=a.1062604203757566.1073741961.265075920177069&type=3）

や迫撃砲が撃ち込まれる。目の前で実弾が発射されるのだから**実戦さながらの迫力**だ。

２０１５年の富士総合火力演習では、戦車や装甲車80両、大砲60門、航空機20機が登場し、36トンもの弾薬が使われた。

イベントの後半には、島への攻撃を想定した陸自・海自・空自による総合演習も行われた。

もっとも、このイベントのチケットをゲットするのは簡単ではない。抽選の倍率は15～30倍で、２０１５年は**約29倍**だった。１年に１回開放されるといっても、やはり東富士演習場への立ち入りは狭き門なのだ。

ちなみに、演習を見に行って不発弾を見つけた場合はどうするか。**敷地内で発見した砲弾には絶対に触れずに知らせてほしい**、と自衛隊はアピールしている。勝手に持ち帰ることは厳禁なのだ。

2章

命がけの危険エリア

湿原にひそむ落とし穴「ヤチマナコ」

大自然の中にある落とし穴

北海道の釧路市、釧路町、標茶《しべちゃ》町、鶴居《つるい》村の4市町村にまたがる釧路湿原は、日本最大の湿原である。

1980年にラムサール条約で指定される**「条約湿地」**となったことから、国際的にも重要な湿地となった。1987年には「釧路湿原国立公園」として国立公園にも指定されている。

釧路湿原には釧路川とその支流が蛇行し、湿地帯には固有の植物が数多く群生する。

また、釧路湿原の神といわれる特別天然記念物のタンチョウをはじめ、キタサンショウウオやエゾシカなどさまざまな貴重な野生の生物たちが生息している。

そんな大自然の息吹を感じながら散策したり、釧路川をカヌーで下ったり、厳冬の時期には凍った湖でワカサギ釣りをしたりと、釧路湿原は北海道でも有数のレジャースポットになっている。

しかし、この釧路湿原にはけっして近寄ってはいけない場所がある。

それは**湿原の落とし穴**である「ヤチマナコ」

湿原にひそむヤチマナコ。深さは２メートル以上ある。（出典：北海道森林管理局ホームページ（http://www.rinya.maff.go.jp/hokkaido/kusiro_fc/kyou_dekigoto.html））

だ。

どこにあるのかわからない

ヤチマナコとは、かつて川や池、沼だった場所が植物に覆われていく過程でできた水たまりのことだ。

ヤチは谷地、マナコは眼のことだ。谷地は湿原の意味だから、ヤチマナコ＝**湿原の眼**ということになる。

これは、水たまりの水面に陽の光がキラキラと当たっている光景がまるで湿原の瞳のように見えたことに由来する。

ヤチマナコはツボ型をしているため、たとえば水面は幅1メートルほどの水たまりでも、底は深くて広くなっている。

しかも、夏場は水面がヨシやスゲといった**植物に覆われてほとんど見えない**ので、地面があると思って油断をしてうっかり踏み込むとズボッと落ちかねない。

また、冬場は薄く氷の張った水面に雪が積もったりするので、これまたヤチマナコがどこにあるかわからなくなる。

ヤチマナコの水温は高く、外気がマイナス20度でもヤチマナコの水は5度以上ある場合もある。そのため、水面が凍るだけで、中の水は凍らないのだ。

うっかり足を乗せてしまえば、バリバリと氷が割れて、あれよあれよという間にヤチマナコに落ちてしまうこともある。

釧路湿原には、この危険な落とし穴が多数あるのだ。

沈んだ動物が骨になって見つかる

ヤチマナコには、深さが2メートル近くなるものも少なくない。なかにはもっと深いものもあって、長い棒を差し込んでも、なかなか底まで届かない。まるで**底なし沼**のようなのだ。

ときには放牧した馬や牛、エゾシカなどがヤチマナコのなかに落ちてしまい、どんどん沈んでいき、ついには力尽きて、やがて白骨化して見つかったこともあるという。子どもなどはひとたまりもないので要注意だ。

一説によると、ドイツの民話『ハーメルンの笛吹き男』で、笛吹き男についていって帰らなかった子どもたちは、このヤチマナコに

左のような、一見何もない場所にも、じつは深さ２メートルを超える穴がある。（出典：北海道森林管理局ホームページ（http://www.rinya.maff.go.jp/hokkaido/kusiro_fc/kyou_dekigoto.html））

落ちたのだとも伝えられる。

ヤチマナコがありそうな場所は、歩くと水が滲《にじ》みやすくフワフワした感触がある。

春には氷が一足早くとけるのでヤチマナコに生える植物が一番先に芽をのばすし、冬の朝は凍っていないヤチマナコの場所に白い水蒸気が漂っているので、そこにヤチマナコがあることがわかるという。

いずれにしろ、ヤチマナコがあるかもしれない場所を歩くときには、棒などで足場を探りながら進まないと思わぬ大惨事になることもある。整備された道からそれて、**うかつに湿原に足を踏み入れない**ことだ。

それでもヤチマナコがどんなものか見てみたい人には、ガイドの指導のもとに実際にヤチマナコの中に入ってみる体験ツアーもあるので、利用してみるのもいいだろう。

命知らずのための「悪魔のプール」

スリル満点のプール

世界中の命知らずが集まる自然のアトラクションがヴィクトリアの滝にある**「デビルスプール（悪魔のプール）」**だ。

ヴィクトリアの滝は、アフリカのジンバブエ共和国とザンビア共和国の国境にあり、世界遺産にも登録されている。

この滝は、滝幅が約1700メートル、**落差が約108メートル**という人を圧倒する威容を誇っている。

特に、4月をピークに2月から5月の水量はすさまじく、轟音とともに**1分間に5億リットルもの水が落下する**。

その水しぶきは数百メートルの高さに達するほどで、空高く舞い上がったあとに豪雨のように地上に降り注ぐ。

このため虹も発生しやすく、満月の夜の前後には月明かりに照らされた虹を見ることもできる絶景スポットでもある。

そんな圧巻のヴィクトリアの滝を見るために訪れる観光客は多く、スリリングな自然を活かした現地での遊びもたくさん用意されている。

ヴィクトリアの滝の滝口で遊ぶ人々 ©Lip Kee and licensed for reuse under Creative Commons Licence)

そんなヴィクトリアの滝ではヘリコプターに乗って滝の全容を空から見ることはもちろん、激流下りのラフティングや、滝のあるザンベジ川にかかる鉄橋から飛び降りるバンジージャンプなどもある。

その中でも、もっとも危険なのがデビルスプールなのだ。

デビルスプールは、滝が流れ落ちるのをすぐ間近に見ることができる滝のふちにできた天然のくぼみである。

水たまりのようになっているので、乾季の水量が少ない時期であれば、実際にプールのように入ることができる。

もともとは**地元民が度胸試しで泳いだことが始まり**だといわれるが、**落ちたら命の保証などない**この危険なプールに、世界中から観光客が訪れている。

崖っぷちで写真撮影をする人々

デビルスプールに行くには、まずザンビア側から滝の中央にあるリヴィングストン島へとボートで渡る。

その後は島から50メートルほど離れたデビルスプールまで泳いで向かうので、泳ぎや体力に自信のない人はここで諦めたほうが無難かもしれない。

入れるのは乾季にあたる9月頃から12月頃で、その時期でも水量の増減によっては**入ることを許されない日もある**。

そうしてなんとかデビルスプールまで辿りついた人の眼下には、大量の水が豪快に落下していく光景が広がる。

インストラクターがいて安全に遊べるようにはなっているが、自然の中では突然何が起こるかわからない。滝の落差は100メートル以上もあるから、万が一、水量が急に増して前へ押し出されれば滝壺へと真っ逆さまに落ちる。生きて戻れる可能性はゼロに等しい。

デビルスプールの手前のほうには岩があり落下防止にも役立つが、滝が落ちる一歩手前のエリアにはそうした岩がなく、**立入禁止**になっている。

しかし、このプールに遊びに来る人たちはそうしたリスクを顧みずに、まさしく**崖っぷちギリギリ**のところで写真撮影などを楽しむ人も多い。

スリルを追い求める人たちにとっては、落下の危険と隣り合わせの断崖絶壁のプールが刺激的でたまらないのだろう。

左:インストラクターについて滝まで進む。（左:©Charles Haynes and licensed for reuse under Creative Commons Licence）

左下・下:場所によってはこんな写真を撮ることもできる。（下２点:©joepyrek and licensed for reuse under Creative Commons Licence）

ヴィクトリアの滝（©Ferdinand Reus and licensed for reuse under Creative Commons Licence）

ライオンの檻《おり》の中に入れる動物園

猛獣とのふれあいが楽しめる

動物園といえば、休日に家族で訪れる場所として牧歌的なイメージがあり、危険とは無関係に思うだろう。

ところが、アルゼンチンのブエノスアイレス近郊にある**ルハン動物園**は世界でもっとも危険だといわれる動物園である。

そこでは、なんと**猛獣とじかに触れ合うことができる**のだ。

開園したのは1994年である。それ以来、さまざまな形で物議をかもしてきた。安全な環境で動物を見ることができるからこそ、動物園は身近で楽しい場所である。

ところが、ここではそんな常識が通用しない。果たしてそれが動物園といえるのか、疑問を感じる人も大勢いるのだ。

たとえば、生まれたばかりのライオンの赤ん坊を抱っこできるといった企画は日本の動物園でもたまに行われている。

しかし、ルハン動物園では赤ん坊だけではない。**ライオン**や**トラ**、**チーター**、**クマ**などの檻に入り、成獣であるそれらの動物に直接触れることができるのだ。

ライオンの檻に入って記念撮影。触ることもできる。(写真提供：よーべん)

「触れる」といっても、触れ方はいろいろである。頭や背中をなでる人もいれば、またがる人もいる。

ハイイログマに口移しで餌を食べさせるといったことも行なわれている。

そういったことを楽しむことができる動物園なのである。

特別に調教されているわけではない

動物たちは**特別に調教されているわけではない**。人間に危害を加えないように訓練されてはいないのだ。

ただ、幼い頃から人間に愛情こめて大切に育てられてきたので、どの動物も人間に対してむやみに襲いかかるようなことはしないということになっている。

しかし、それはあくまでもタテマエである。獰猛《どうもう》な野生の血がいつ牙をむくかわからない。当然、**来園者は自分の行動に自分で責任を持たなければならない**。

この動物園には、いくつかの基本的なルールがある。

たとえばライオンやトラに触れるのは、腕に垂らしたミルクを舐めることに気をとられている間だけと決められている。

しかし、来園者の中にはそんなルールをあまり気にせず行動する人もいる。

ライオンと並んで記念写真を撮影したり、トラと握手したり、クマとじゃれあったり、ともかく普段はできないふれあいに、つい夢中になってしまうのだろう。

事故が起こったことはないらしい

もちろん、いるのは猛獣だけではない。ラクダやサル、オットセイ、ペンギンなどにも触れることができる。リャマやアルパカなど、日本人にはあまりなじみのない動物にも直接触ることができるのだ。

動物がありのままに生きている姿を見て、触れることができるという大義名分を考えれば、理想的な動物園だといえるかもしれない。

動物園側は、**「開園以来、これまで1度も事故が起こったことはない」**と主張している。

それが**真実かどうかを確かめるすべはない**が、少なくともこの動物園が1年中大勢の来園者でにぎわっているのも事実である。

トラの檻の中にももちろん入れる。（写真提供:よーべん）

現地で購入したエサを使って、クマと仲良くなることもできる。（写真提供:よーべん）

最強の毒ヘビだらけの無人島

世界最強の毒蛇が約1万匹いる島

リオのカーニバルやアマゾンなどの大自然など、観光地として人気の高いブラジルだが、その最大の都市であるサンパウロの沖合には、地元民ですら足を踏み入れることがない無人島がある。

イーリャ・デ・ケマダ・グランデ島という名のその島は、別名**「スネーク・アイランド」**と呼ばれる蛇の島なのである。

しかも、並大抵の蛇ではない。イーリャ・デ・ケマダ・グランデ島に生息する金色に輝く体を持つ**ゴールデンランスヘッド**は、南米の毒蛇ジャララカの一種で、**世界でもっとも強い毒を持つ最強の毒蛇**なのだ。

ジャララカの毒は出血毒で、咬《か》まれると目や耳から出血して最悪の場合は死に至る。

ブラジルでは毎年3万人近くの人がジャララカに咬まれているという報告があるが、血清を打って全快したとしても、**後遺症が残る場合が多い**。しかもゴールデンランスヘッドの毒性は、ジャララカの強力な蛇毒のさらに5倍ともいわれる。

イーリャ・デ・ケマダ・グランデ島の面

イーリャ・デ・ケマダ・グランデ島（©Prefeitura Municipal Itanhaém）

積は小さく、長さ1・5キロメートル、幅は500メートルほどなのだが、ゴールデンランスヘッドの生息数は**約1万匹**ともいわれている。

まさに、**全域が最強の毒蛇だらけ**という島なのだ。

無人島で特殊な進化をとげる

1921年にブラジルの毒蛇研究所が、イーリャ・デ・ケマダ・グランデ島のゴールデンランスヘッドの調査を行っている。

それによると、ジャララカは成長すると体長1・5メートルほどになる。地上で生活する蛇で、被害者の多くが膝から下を集中して咬まれている。

一方、ゴールデンランスヘッドの体長は50センチメートルほどで、樹上で生活している。彼らの主食は飛んでくる小鳥だ。

ゴールデンランスヘッドの毒は、ネズミを2秒で殺すほどの威力を持つ。樹の上で待ちかまえ、飛んできた小鳥に咬みつき、まさに**秒殺してしまう**のである。鳥を主食とする以上、空を飛んで逃げられないために相手を即死させなければならないのだ。

また、驚くべきことにイーリャ・デ・ケマダ・グランデ島のゴールデンランスヘッドは、ペニスを持つ雄、子宮を持つ雌に加えて、その両方を持つ**雌雄同体の個体がいる**という報告もある。

隔離されたこの無人島で、ゴールデンランスヘッドは特異な進化をとげていたのだ。

密漁の対象になる

ブラジル政府は、危険きわまりないこの島を立入禁止としている。現在、島に上陸できるのは研究者のみだ。

ブラジル海軍が管理する島の灯台ですら自動運転されており、保守や燃料補給のために年に数回ヘリコプターがやってくるのみとなっている。

しかし近年、最強の毒蛇で埋め尽くされたこの島をみずから訪れる向こう見ずな者が増えているという。それは、**蛇の密猟者**たちである。

18世紀頃から蛇毒には薬理作用があることが知られていたが、近年になって研究が進み、

島があるイタニャエン市のパネル展示の様子（©Prefeitura Municipal Itanhaém）

毒蛇の毒液から血圧降下や血栓溶解などの作用を持つ成分が抽出できるようになった。蛇毒は薬品の原料になるのである。

その結果、蛇の毒液が市場で売買されるようになり、地上で最強の毒液を持つゴールデンランスヘッドは、にわかに**「金の卵」として密漁者たちから狙われる存在**になったのである。

密漁には危険がつきものだが、相手は咬まれたら命を落とすことが必至の猛毒を持つ毒蛇だ。ブラジル政府も密猟者を厳しく取り締まっているのだが、一攫千金を求めて島に上陸する密漁者は後を絶たない。

猛毒を持つ金色の蛇が無数にうごめくイーリャ・デ・ケマダ・グランデ島は、まさに世界最高レベルの危険地帯と言っても過言ではないだろう。

転落事故が多発する「天国への階段」

危険すぎる絶景スポット

ハワイといえば、美しい海やビーチ、火山、熱帯雨林の植物など、その自然の美しさでいくつもの絶景スポットを有する人気絶大のリゾート地だ。

その中でも口コミで人気が広がる**隠れた絶景スポット**がある。

それが「The Stairway to Heaven」、日本語では「天国への階段」と呼ばれる、山の中に細々と続く階段である。

なぜ隠れた人気を博しているかというと、天国への階段はガイドブックに載っていたり、ツアーなどで立ち寄ったりするような観光地ではないからだ。

じつは、天国への階段は**転落事故が多発**し、あまりにも危険なために１９８７年から立ち入りが禁止になっているのだ。

入り口には危険を警告する看板とともに頑丈な鉄柵が張り巡らされて、観光客はもちろん地元の人も入れない。

だが、そうした警告などもお構いなしに、天国と称される素晴らしい眺望を拝みたい人々は鉄柵を乗り越えて柵の内側へと侵入し

天国への階段（写真提供：gozun）

ていくのである。
いったい天国の階段には、どのような光景が待ち受けているのだろうか。

細くて急な3922段の階段

天国への階段が存在するのは、ハワイのオアフ島のカネオへという町である。

この町はハワイでも大きな住宅街があることで知られるが、天国への階段は住宅街のすぐ近くのカネオヘフォレスト保護区という自然保護公園の横にひっそりとある。

その入り口に立つと、草木の茂る小高い山の麓から、人ひとりが何とか通れる**幅数十センチメートルほどの狭い階段**が山の上へと延々と続いているのが見える。

ここから先へと進みたい人は、危険を知らせる警告を無視して入り口に設置されている高い鉄柵を乗り越えなければならない。

もちろん、**事故が起こっても自己責任**になる。本当に天国行きになってしまう可能性もあるから、けっして侵入しないほうが身のためだ。

それらを承知のうえで侵入した場合は、足元に注意しながら金属製の階段を登っていくことになる。

ところが、この階段は現在では使われていないので、きちんと整備が行き届いていない。**造りそのものも簡易なうえに錆びていて**、なんとも心もとない。

しかも、かなり急勾配の階段で、階段の両側も崖のような急斜面になっている。手すりはついているものの、これも簡易な手すりで安全とはいえない。こんな危なっかしい階段が、なんと**3922段**も続くのだ。

さらに、上に登れば登るほど勾配はきつくなる。

また、雨の翌日や湿度の高い日などは階段が濡れて滑りやすくなり、少しでも足を滑らせれば、そこから真っ逆さまに転がり落ちることになる。

危険の先にある絶景

これらの苦労と危険の末に階段を登りきった人は、眼下にカネオヘ湾が、そして頭上には広大な空が広がる**美しい景色**を目にするこ

天国に到達するにはこのような階段を長時間登る必要がある。（写真提供：gozun）

とができる。

　また、朝日が昇ってくる風景は格別に美しく、夜にはカネオヘ湾の手前に広がる市街地の夜景を楽しむことができる。

　そのような昼とは趣の異なる眺望を見るために、夜中や明け方にこの地を訪れる人も少なくない。

　だが、昼間でさえ危ない階段を暗闇の中で進んでいくのは、まさしく**死と隣り合わせ**のハイリスクな行為である。

　もとは太平洋戦争中にラジオの基地局のアンテナを山頂に設置するために設けられた階段で、頂上には今もその名残が見られるが、今のところ**一般の人々へ開放する予定はない**ようだ。

　どんなに絶景を見たくても、立入禁止エリアであることをくれぐれも忘れないでほしい。

峡谷の崖を削ってできた歩道

20世紀まで手つかずだった場所

テロリスト集団「赤い月」がダムと発電所を占拠し、政府に対して50億円の身代金を要求。応じなければダムを爆破して人質と麓の住民20万人を殺害する――。

これは、2000年に公開された映画『ホワイトアウト』のあらすじだが、この映画の撮影のロケ地となったのが富山県の**黒部ダム**である。たしかに黒部の自然はミステリーの舞台となるのにふさわしい。

今でこそ一般向けのトロッコ列車が走る観光スポットとしても有名だが、**大正時代まではまったく手つかずの未開の地だった。**

標高3000メートル級の立山連峰と後立山連峰の間を流れる黒部川は、降水量が多く流れが激しい。この流れによって削られた谷はまさに断崖絶壁で、人が立ち入るにはあまりにも危険すぎたのだ。

しかし、この水の豊かさは水力発電所をつくるのに適していた。

そこで1917（大正6）年になって黒部渓谷の調査が始まり、2年後には日本電力が発足して開発に着手した。

日電歩道の一部

歩道というのは名ばかりの足場

ダムの建設や調整のために、黒部渓谷の崖には〝日電歩道〟と呼ばれる道がつけられた。だが、歩道といっても、その道はただ崖の壁を削っただけで、狭いところでは**道幅は50センチメートルほどしかない足場のようなもの**だ。

通るときは体を岩壁の側に傾けていなければ谷底に転落してしまいそうなしろもので、危険極まりない。

歩道が途切れた場所には、岩と木に太い針金を渡してその上に板を乗せて吊り橋のようなものをつくった場所もあった。

途中には滝の水しぶきを受けるところもあ

り、いつ落石があるかもわからない。

もちろん崖崩れで命を落とすことも覚悟しなくてはならない過酷な場所だったのだ。

「命の保証はしない」と書かれた乗車券

黒部渓谷には、現在黒部渓谷鉄道が走っているが、これも日本電力による開発の際につくられた。

当初は作業員や資材を運ぶための列車だったが、登山客から乗せてほしいとの要望が増え、しかたなく〝便乗〟というかたちで一般客を乗せ始めた。

ただし、乗車券には**「命の保証はしない」**と書かれていた。


現在では多くの観光客に利用されているが、全10駅のうちで一般客が降りられる駅は宇奈月、黒薙《くろなぎ》、鐘釣《かねつり》、欅平《けやきだいら》だけに限られていて、それ以外の駅はダムや発電所、電力会社の関係者しか乗降できない。

欅平駅のホームに着くと、終点の駅のはずなのに線路はその先のトンネルへと続いていく。

じつは、ここから先は関西電力の専用鉄道になっている。峡谷があまりに急峻で崖に沿って線路を敷くのも難しかった危険極まりない区間だ。

かつては一般の人は足を踏み入れることができなかったエリアだが、近年では一般人でも見学できるツアーが実施されている。

事故の予防のために、参加者は必ずヘルメットの着用を義務づけられている。

急斜面に描かれた細い横線が歩道だ。（©Yasu and licensed for reuse under Creative Commons Licence）

歩道部分のアップ。ここに至るには本格的な登山の用意が必要になる。（©Yasu and licensed for reuse under Creative Commons Licence）

日本一高くて危ない茶室

世界でもっとも危険な建物トップ10に入る

世界的にも有名なアメリカのニュース雑誌『タイム』は、「世界でもっとも影響力のある100人」などさまざまなランキングを発表して話題をさらうが、かつて「世界でもっとも危険な建物トップ10」という記事を掲載したことがある。

そこには、地盤沈下によって塔が傾いたイタリアのピサの斜塔などとともに、日本の長野県にある建築物がランクインした。

長野県茅野《ちの》市にある**高過庵《たかすぎあん》**、別名**「日本一危ない茶室」**がそれである。

いったい誰が、どんな目的で造ったものなのだろうか。

長野県の南部に位置する茅野市は、山々に囲まれた自然豊かな土地だ。八ヶ岳や白樺湖、蓼科高原など見どころも多い。

この茅野に、鎌倉時代より伝わる古文書を展示した神長官守矢《じんちょうかんもりや》史料館が開館したのは1991（平成3）年のことだった。

手がけたのはこの地で生まれ育った建築家、藤森照信氏である。

どこか炭焼き小屋のように長く傾斜した屋

高過庵（©Wiiii and licensed for reuse under Creative Commons Licence）

神長官守矢史料館（©Kenta Mabuchi and licensed for reuse under Creative Commons Licence）

根と、そこから突き出ている木々という独特なデザインのこの建物は藤森氏のデビュー作だったという。

ところが、一風変わった建築物はこの資料館だけではないのだ。

資料館の近くを歩いていると、不意に頭上に小さな小屋があることに気がつく。木の上につくられた、まるで子どもの頃に遊んだ秘密基地のようにも見える。

これこそが、タイム誌が選んだ世界有数の危険な建物「高過庵」なのだ。

木をよじのぼらないと入れない

3本の木の柱の上には、ひとつの小屋がかろうじて乗っているようにも見える。とはいえ、黄土色の土壁で覆われた味のある風情はたしかに茶室のそれである。屋根の上には天窓もついている。

この高過庵に入るにはどうすればいいのだろうか。小屋からははしごが伸びているが、それは地面に届かない所で途切れている。小屋までたどり着くには、まず**小屋を支えている木をよじ登るしかない**ようだ。

名前の通り少々高すぎる場所に設けられたこの茶室は、藤森氏が２００４（平成16）年に個人的に建てたものだ。

入るのに危険を伴うばかりか、プライベートスペースゆえにふだんは立ち入りが禁止されている。藤森氏からゲストとして直々に招待されるしか、この**天空の茶室**に入る方法はなさそうだ。

茶室に入るには、木をよじのぼった後、さらに階段を登らなければならない。（©Masashige MOTOE and licensed for reuse under Creative Commons Licence）

茶室というだけあって、客用の出入口は小さなにじり口になっている。かつては武士が刀を外さなければ入れなかったように、高過庵にも大きな荷物は持ち込めない。

荷物とともに俗世のことは忘れて、**わびさびの世界**が広がるこの高過庵に足を踏み入れる、というわけだ。

藤森氏はインタビューでこの庵での過ごし方について、当初は本を読んだり図面を引いたりしたというが、「試してみたんだけど、まったくそんな気持ちになれない。ぼーっとしてしまうの」（『藤森照信読本』藤森照信他著・エーディーエー・エディタ・トーキョー刊）と答えている。

書斎や仕事部屋にはない居心地の良さ、いわば個人的なリビングルームといったところだろうか。一度味わってみたいものである。

3章
いわくつきの立入禁止エリア

腐乱死体が放置されている施設

腐乱した死体が放置されている場所

〝死体農場〟ともいわれる**ボディ・ファーム**は、アメリカのテネシー州ノックスビルにある、テネシー大学医療センターの敷地内にある。

1981年につくられたこの研究施設は、広さが1ヘクタールあり、雑木林や草むら、池などが点在する立入禁止区域になっている。

なぜなら、そこには**何体もの人間の死体がゴロリと転がっている**からだ。

そのまま放置されている死体もあれば、ゴミ袋に詰め込まれたもの、半身だけを土の中に埋められていたり、池の中に放り込まれているものもある。もちろん、**どれも腐乱の状態が異なっている**。

それにしてもなぜ、大学の敷地にこのような光景が広がっているのだろうか。

それは、刑事事件で扱われる遺体の正確な死亡推定時刻を割り出すためのデータを集めているからだ。

つまり、死後、**人間の体がどのように腐敗していくのかを経過観察している**のである。

たとえば、屋外で遺体が発見された場合、日射しや雨風を受けて野ざらしになっていた

牛の腐敗の経過調査。この調査も人間の腐敗調査に役立つ。

のと、通気性のないビニールのゴミ袋に入れられていたり、カーペットでぐるぐる巻きにされていたのとでは腐敗の進み方が異なってくる。

さらに、放棄された日数によっても状態は違ってくる。このような変化をこと細かに観察しているのである。

自然や動物によって骨にされる

ところで、死体を雨風にさらしておくとどうなるのだろうか。

しばらく放置されて腐敗が始まると死体にはハエがたかる。次にウジ虫が湧き、ウジ虫はまず傷口に群がり全身を覆っていく。

すると、アライグマがやってくる。アライグマの目的はウジ虫を食べることだという。もちろん、腐乱した人間の体が野ざらしになっているのだから、その**臭いは強烈**だ。いくら広い敷地内とはいえ、風向きによっては死臭が風に乗って流れてくる。その臭いは何とも言い難いほど甘ったるいという。

そして、その死臭を嗅ぎつけてファームにはハゲタカが舞い降りてくる。このハゲタカに荒らされる死体を観察するのも実験のひとつだ。

ハゲタカは死後間もない死体には手を出さない。人間が生きている可能性を恐れているためか、完全に死んでいることがわかるまでは近づかないのだ。

だが、ひとたびそれが死んでいるとわかれば一気に群がり、**わずか1時間で骨だけの状態にしてしまう**。まさに究極の〝自然〟がここにはあるのだ。

遺体になるのはみずから志願した人

ボディ・ファームへの献体は、いったいどこから運ばれてくるのだろうか。

身寄りがなく、死亡人事務所というところに保管されていた遺体もあるが、驚くべきことに生きている間に本人が死後、ボディ・ファームに送られるよう**自発的に登録している場合も少なくない**。

本人の感覚としては、臓器提供とほとんど変わらないのだろう。現在の登録数は1200人にのぼるという。

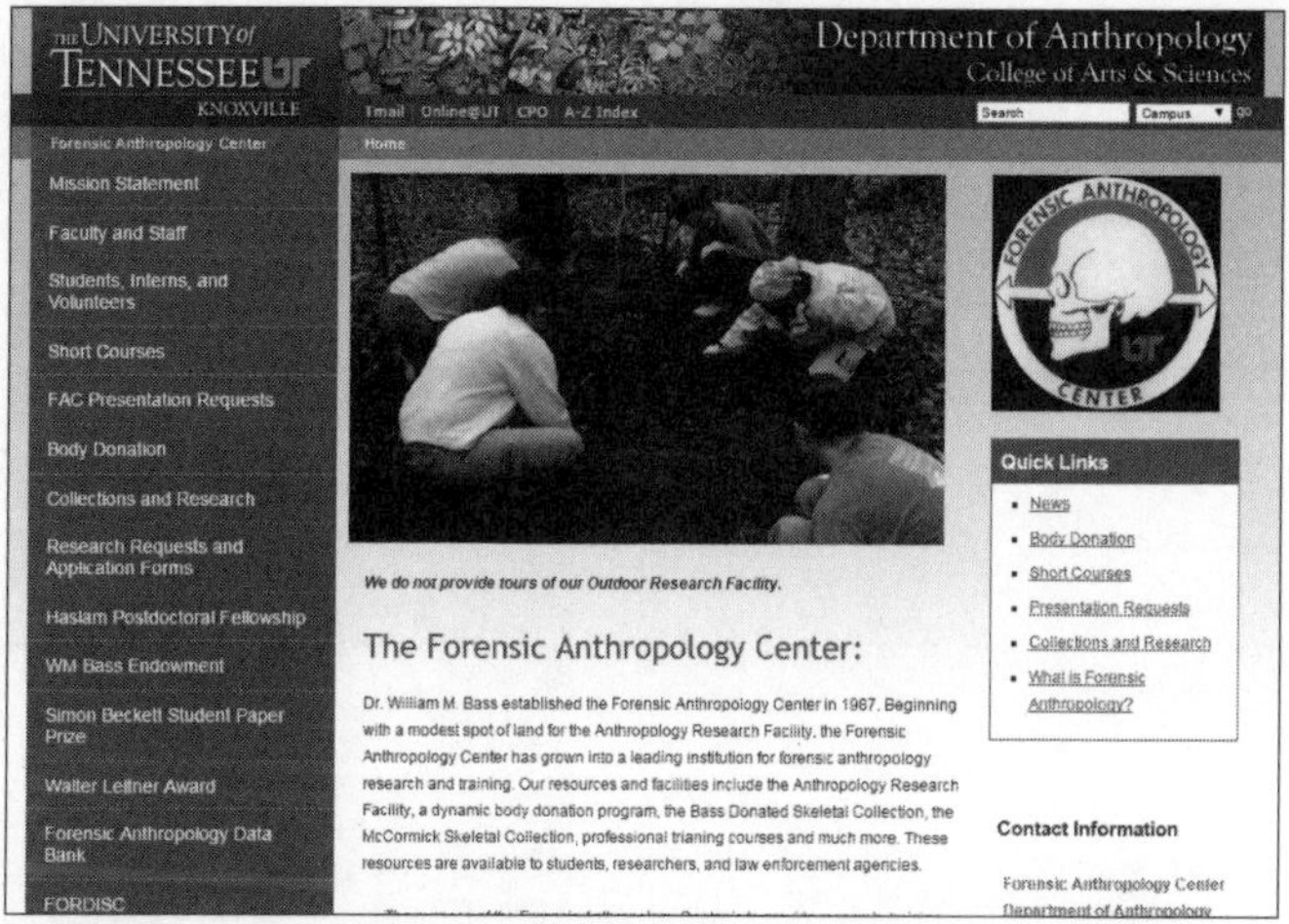

テネシー大学のサイト内にある法医人類学のページ（http://fac.utk.edu/default.html）。「Body Donation」というページから自分の死体の寄附申請ができる。

世界有数の実証実験施設であるボディ・ファームには設立から30年あまりの間に数百体の死体が運ばれ、そしてこの地で朽ち果てていった。

このような実験はあくまで法医人類学の研究のひとつであり、もちろん法律でも認められており、日本の犯罪捜査でも実際にアメリカのボディ・ファームから得られたデータが使われている。

だが、**現場の気候や環境によって人体の分解速度は変わってくる。**

そのため、ボディ・ファームの設立はオーストラリアやインドなど世界各国に広がりつつある。

しかし、イギリスやほかのヨーロッパ諸国では国民の理解が得られずに開設を断念しているところもあるという。

コカ・コーラのレシピ保管庫

たった1枚しかないレシピの紙

ほろ苦さと甘さが楽しめる独特の味わいで人気のコカ・コーラは、今では世界の200以上の国で販売されるようになった。**毎日18億本**というとてつもない量のボトルが売れているという。

コカ・コーラは20世紀最大のヒット商品といわれるが、20世紀どころか有史上もっともヒットした商品のひとつといっていいだろう。

海外に出かけてもたいていの街で飲むことができるその黒い炭酸飲料は、1886年5月にアメリカ南東部のジョージア州で誕生し、120年以上経った今でも発売当初の味をかたくなに守り続けている。いったいどんなレシピをもとに作られているのだろうか。

じつは、コカ・コーラの**門外不出のレシピを記した紙はこの世にたった1枚しか存在しない**といわれている。

そしてその紙は、ジョージア州の州都であるアトランタにあるワールド・オブ・コカ・コーラ博物館の保管庫に、ぶ厚い鋼鉄の扉といくつもの防犯カメラに守られながら厳重に保管されているのだ。

コカ・コーラのレシピが入っている保管庫（写真提供:AP/アフロ）

絶対にメモできないようにする

1886年、薬剤師のジョン・ペンバートンという人物が、南米でお茶として飲まれていたコカの葉やアフリカの熱帯雨林で採れるコーラの実を配合してつくったのがコカ・コーラだ。

彼は甘い香りのするそのシロップを地元の薬局で**疲労回復や頭痛をやわらげる健康ドリンクとして売り始めた**。

そのうちに飲みやすいよう炭酸水で割ったものを1杯5セントで売ることを思いつき、それが人気に火を点けることになった。

原料として使っていたコカの葉に含まれているコカインが法律で禁止されたためレシピ

から取り除かれ、その調合法は1888年に薬剤の製造や販売をしていたエイサ・キャンドラー氏に引き継がれる。

彼はコカ・コーラにヒットの匂いを感じたのだろう、コカ・コーラ社を創業すると大量生産ができるように製造工程を見直し、大々的に宣伝を行った。

こうしてコカ・コーラはわずか数年でアメリカのすべての州で販売される大ヒット商品となったのだ。

やり手の事業家だったキャンドラー氏はコカ・コーラの製造に関する特許を取得し、また商標登録をするとライバル社が類似品を世に出せないよういち早く手を打った。

さらに万が一の情報漏れを恐れ、そのレシピは社の**トップシークレット**とし、**絶対に紙にメモをしないよう社員に徹底させた**のである。

レシピを記した唯一の書類も、地元銀行から融資を得るための担保として銀行の地下金庫に保管されることになった。

こうしてコカ・コーラ社は代々その製法を守り、詳細は今でも2人の幹部しか知り得ない機密事項になっているという。

しかも、万一の事故などに幹部が2人同時に巻き込まれないよう、彼らは常に別行動をとっているという話までささやかれているのである。

強固なセキュリティに守られた保管庫

創業125周年を迎えた2011年、コカ・

ワールド・オブ・コカ・コーラ博物館。この地下に秘密のレシピが眠っている。（©slayer）

コーラ社は本社ビルが立つアトランタにワールド・オブ・コカ・コーラ博物館を建設した。このとき、銀行に眠り続けていたレシピの書類も保管庫ごと博物館に移している。

博物館にある保管庫を設置した部屋は、じつは保管庫の目と鼻の先までは誰でも立ち入ることができるようになっている。しかも部屋の扉にはコカ・コーラのボトル型の鍵穴まででついている。

しかし、保管庫は何台もの防犯カメラや指紋認証、暗証番号など強固なセキュリティシステムに守られているため**絶対にその中に入ることはできない**。

とはいえ、こうしてレシピの保管庫をあえて人目にさらしているのは、話題づくりを狙ったコカ・コーラ社のたくみな演出のひとつなのかもしれない。

毒ガスがまき散らされた都市

有毒ガスが工場の外にもれる

インドの中央部に、マディヤプラデシュ州の州都である**ボパール**という都市がある。

この都市は、1980年代には工業都市として急速に発展し、活気に満ちあふれていた。

ところが、1984年12月2日の深夜、前触れもなく未曾有の悲劇に襲われる。

現地に設立されていたアメリカのユニオンカーバイド社が、**史上最悪**といわれる化学工場での事故を起こしたのだ。

一説によれば、一夜にして2000人以上が命を落としたといわれている。

ただし、家が壊れたり、木々がなぎ倒されたりしたような惨劇の爪痕はひとつも見当たらない。

というのも、工場から漏れ出した**有毒ガスが人命だけを奪っていった**からである。

ユニオンカーバイド社では、毒性の強いイソシアン酸メチルを使って農薬を生産していた。

そのタンクに水が混入したせいで化学反応が起き、ガスが発生したのである。そうして高圧に耐え切れなくなったタンクからついに

事故後放置されたままの工場跡（©Simone.lippi and licensed for reuse under Creative Commons Licence）

ガスが噴き出したのだ。

工場の上空に広がった有毒ガスの雲は周辺のスラム街へと流れていったが、眠りについていた人々は工場の警報サイレンが鳴っても、はじめは何が起きたのか理解できなかったようだ。

だが、**しだいに呼吸が苦しくなり、目も見えなくなってくる。**異変に気づいた彼らは、どこへ行けばいいのかもわからないまま逃げ惑った。

混乱の中で家族が離れ離れになり、苦痛で倒れる者が出る。そして、あとから来た者がそれを踏みつぶしていったという。

事故から数ヵ月の間に3500人が死亡し、最終的には**2万5000人が亡くなった**とされる。また推計ではあるが、30万人以上が毒ガスの影響を受けたとみられている。

補償金が遺族に届かない

事故後、被害者たちは補償を求めて訴訟を起こす。その結果、ユニオンカーバイド社が4億7000万ドルを支払うということで1989年に和解が成立した。

とはいえ、これがすんなり被害者に渡ったわけではない。

57万人の被害者と遺族が補償金を手にしたのは、なんと2003年のことだ。しかも、**インド政府は補償金の一部しか分配しなかった**のである。

この措置に対してインドの最高裁判所は、すべての補償金を被害者に支払うよう政府に命じている。

今も続く健康被害

事故からすでに30年以上が経過したが、その影響はまだ消えてはいない。

じつは、84年以降に工場付近で生まれた子どもは幼くして亡くなったり、**健康障害があるケースが多い**のだ。

たとえば、被害に遭ったある女性は、長年の治療の末に回復したものの、彼女が生んだ長男と三女には先天性の疾患があり、次男は生後数ヵ月で死亡している。

また、被害者の子どもの健康問題に取り組むチンガリ・トラストというクリニックは、近隣の女性20人の母乳を検査した。

すると、工場のごく近くに住む10人のうち

事故のあった工場のそばの街並み。左手には事故の石碑が立っている。(2014年)
(©Bhopal Medical Appeal and licensed for reuse under Creative Commons Licence)

9人の母乳から、幼児の発育を妨げる高濃度の水銀が検出されたのだ。

とはいえ、インド政府は被害者の子どもと事故との因果関係を認めていない。

工場跡地に残された有毒物質

ユニオンカーバイド社の工場の跡地は、現在では廃墟になっているものの、**何トンもの有毒物質が廃棄されずに残されたまま**だ。

工場跡地も付近の井戸も汚染のレベルは高く、この汚染水も疾患を引き起こす原因だとみられている。

化学工場の跡地は、廃墟となった今もなお近隣住民を苦しめ続けているのだ。

世界一幽霊が出るといわれる島

欧米から注目されるイタリアの島

イタリアのヴェネチアは、水の都として知られた美しい観光地である。

２０１４年に、ヴェネチアの市街地の近くにある国有地**ポヴェリア島**の「99年間のリース権」が競売に出されたというニュースが流れたことがあった。

小さな無人島であるポヴェリア島の競売が地元のイタリア人だけでなく欧米のメディアから注目されたのは、ポヴェリア島にまつわる、ある噂のためだ。じつは、この島は**「世界一幽霊が出る島」**として有名なのである。

ポヴェリア島は長い間国有地となっており、基本的には一般人が立ち入ることはできなかった。

とはいえ、幽霊話に魅かれて島を訪れるもの好きも絶えなかった。アメリカのテレビレポーターが取材で潜入した際は、**「幽霊にとりつかれた」**と話して話題になったこともあるという。

そんな幽霊話の真偽はともかくとして、ポヴェリア島には多くの死の匂いがする歴史が存在する。

島に残る建物の内部の様子（©FOTOlogie）

ペスト患者が隔離・放置される

死の匂いの原因のひとつが、中世ヨーロッパで「黒死病」と呼ばれた**ペスト**が大流行したときの出来事である。

中世ヨーロッパでのペストの大流行は、イタリアの港町から始まったといわれている。その感染力はすさまじく、**当時の世界人口の30パーセントの死者を出す**ほどの猛威を振るったのだ。

当時はペストの治療法がなく、**感染したら死を待つしかなかった**。そのため、ペストに感染した患者たちは徹底的に隔離された。ベネチア近郊のペスト患者たちはポヴェリア島に隔離されたのである。

島に送られた患者たちは、**治療もされずに放置された後に亡くなった**。その数は数千人ともいわれている。

16万人が島で命を落とした？

さらに、１９２２年には患者の隔離用だった施設が**精神科の病院**として利用されることになった。

20世紀に入って、精神医療の分野は徐々に発達してはいたが、まだまだ非人道的なものも多かった。長期療養が必要な多くの患者たちがこの病院に入ったのだが、**人体実験や拷問、患者の自殺などの噂が絶えず**、１９６８年に病院は閉鎖されたのである。

長い歴史の中で悲惨な最期を遂げた人があまりにも多いため、この島には幽霊が出るという噂が絶えない。

実際、数世紀の間に**ポヴェリア島で命を落とした人は16万人ともいわれているの**だ。

競売にかけられる

ポヴェリア島の名が再びニュースを賑わせたのは、長引く財政難にあえぐ政府が資金捻出計画のために目をつけたときだった。

増加の一途をたどる負債を抱えたイタリア政府は国有地の売却を計画し、その中で長らく国有地となっていたポヴェリア島のリース権も**競売にかけられることになった**のである。

船上から見たポヴェリア島。地元民にとっては身近な存在なだけに対応は難しい。
（©FOTOlogie）

ペストの感染者が放置されたままで亡くなったことは、イタリアの歴史に暗い影を落としている。さらに、現在のイタリアが精神医療の分野では世界の最先端であることを考えれば、ポヴェリア島の精神病院の存在は苦々しい過去といえるだろう。

それでも地元民たちは、ポヴェリア島が私有地となって再開発されることを望んでいない。悲しい過去を持つポヴェリア島が、そのままの形であり続けることを願う人が多かったのだ。

このときの競売は、落札価格があまりにも低かったため、国が取引を撤回した。

上空から見るポヴェリア島には緑があふれ、廃墟となった病院は静かにたたずんでいる。しばらくは島に眠る人たちも目を覚ますことはないだろう。

近づくこともできない人工の島

近づくことさえ禁じられた島

東京湾には、埋め立てでできた人工島が数多く存在している。

人工島の中には、運動施設や釣り場があったりと、自由に立ち入れる場所も少なくない。あたりの海岸も休日は多くの釣り客などで賑わう。

だが、もしその中のひとつである**扇島**の付近で船から釣り糸を垂らしていたら、摘発されてしまうだろう。

扇島は一般人が島内に上陸することはおろか、**沿岸に近づくことも禁じられた立入禁止区域**なのだ。

扇島があるのは、川崎や横浜一帯の京浜地区だ。この京浜地区は日本で有数の工業地帯でもある。

１９６０年代、この地域に工場を持っていた製鉄会社・日本鋼管（現ＪＦＥスチール）にとって、点在する自社の工場をより効率的に稼働させることが急務となっていた。

そこで、１９６９年に生産性の向上や環境への影響を抑えるための人工島計画が発足し、１９７４年に扇島が完成したのである。

扇島にある製鉄所

島に入れない2つの理由

扇島が一般の人にとって立入禁止になっている理由は2つある。

ひとつめは、この人工島が**完全な私有地**だということだ。当然、部外者は島内に無断で立ち入ることができない。

島に入れるのは施設の関係者に限られ、上陸の方法も船で港に乗りつけるか、川崎市からJFE海底トンネルと扇島大橋を車で通るルートしかない。もちろん、トンネルも橋も関係者以外は通行することができない。

ふたつめは、**国際条約に基づく法律による規制**だ。

発端は、2001年9月の米国同時多発テ

ロだった。このテロの発生を受けて、港と船舶の保安対策強化を義務づけた「改正SOLAS条約」が発効されたのだ。

この国際条約によって、日本でも貨物船や旅客船の発着する岸壁付近は立入禁止となり、扇島もその対象になった。

扇島の岸壁は警備が強化されており、一般の船は近づくこともできないのである。

工場の島として特化されている

現在、扇島にはJFEスチールや東京ガス、火力や風力発電所などの施設が置かれている。

そんな扇島の様子を上空から見てみると、道路や線路が目に入るが、歩道がないことに気づく。島内で働く人間は、基本的にはバイクや自転車で移動するのだという。

首都高速の高架もかかってはいるが出入口はなく、島に降りることはできない。島内を走る鉄道も人を乗せるものではなく、精製された鉄鋼を運ぶためのものだ。

島内は、すみからすみまで鋼鉄やガスなどを効率よく生産するために設計されているのである。

また、東京ガスは扇島に世界最大の大型LNG（天然ガス）タンクを設置している。タンクの内径は72メートルで、25万キロリットルの容量を誇る。

しかし、島のどこを見てもそれほど大型のタンクは見当たらない。じつは扇島のガスタンクは環境に配慮した地下埋設式で、地上に出ているふたの部分も緑化され、植物に覆わ

東扇島（手前）と扇島（奥）（なこ/PIXTA）

れているのである。

見学会があるが入るのは至難のわざ

　公害対策を考慮したうえで建造された扇島は、現在、省エネや環境保全に配慮した**最先端の鉄鋼業とエネルギー生産を担う島**となっている。

　その姿を見るためにはＪＦＥが行っている工場見学会に参加するという方法があるが、敷地内は限られた場所しか撮影が許されていない。

　それでも立入禁止の区域に大手を振って入れる貴重なチャンスとして毎年抽選になるほどの人気なのだという。

70人以上の死者を出した堤防

海に突き出た全長4キロの堤防

見た目は、ごく普通の堤防である。休日だけでなく、平日でも時間を問わず多くの釣り人が釣り糸を垂らしている。一見すると、どこにでもあるのどかな風景だ。しかしそこが、今までわかっているだけでも**72人もの死者を出した場所**だとしたらどうだろう。

じつは、あまりにも危険な場所なので、そこには複数のゲートが造られている。ところが現実には、そこに行きたくて**ゲートを乗り越える人が後を絶たない**。まさに死に向かって突き出た堤防なのだ。

それは、茨城県鹿嶋市にある。太平洋に向かって突き出たその堤防は、正式名称は**鹿島港南防波堤**、通称「南堤」と呼ばれている。

幅17メートルで、**全長は4キロメートル**もある。ということは、歩いて先端に行こうと思えば約1時間はかかる。

これは、言い換えれば、歩いて4キロも沖合に出るということである。普通に考えればかなり危ない行為だ。

ところが、釣り人というものは怖いもの知らずなのか、その4キロメートルを歩く人が

鹿島港。海に長く突き出ているのが南堤防。（写真提供:土木部鹿島港湾事務所）

波をかぶる鹿島港の南防波堤。（写真提供:土木部鹿島港湾事務所）

後を絶たない。そこが穴場中の穴場の釣り場であることはかなり有名なのだ。

ゲートを乗り越える釣り人

4キロも沖合に出れば、急に海が荒れることもある。

一度荒れ始めるともう逃げ場がないうえ、高波が襲ってくれば人間などひとたまりもない。あっという間に波にさらわれてしまう。まわりは太平洋なのだ。

そのため、堤防は**立入禁止区域**になっているのだが、それにもかかわらず命知らずの釣り人がここにやってくる。その結果、これまでに**72人もの犠牲者が出ている**のだ。

もちろん、侵入者を防ぐために**鍵のついた幅3メートルのゲート**がふたつ造られている。

さらに、鹿島海上保安署と茨城県の鹿島港湾事務所による合同パトロールが行われているが、設置されたゲートをむりやり開いて入っていく人や、なかには**ゲートを乗り越えていく釣り人**があとを絶たない。ゲートにはもちろん鍵がかけられているが、その合鍵が出回っているという噂もある。

堤防に入ってすぐの消波ブロックの上で釣り糸を垂れるならまだしも、4キロメートルを歩くのをものともしない猛者《もさ》も少なくない。

「ここで釣り糸を垂れたまま死ねれば、釣り人として本望だ」などと言う人もいるが、本当にそうなればまわりは大変な迷惑である。

どんな釣果が期待できようとも、絶対に足を踏み入れてはならないエリアなのだ。

堤防付近には、死亡者数を掲示できるようになっている看板が設置されている。

もちろん堤防の入り口にも厳重な柵が設けられている。

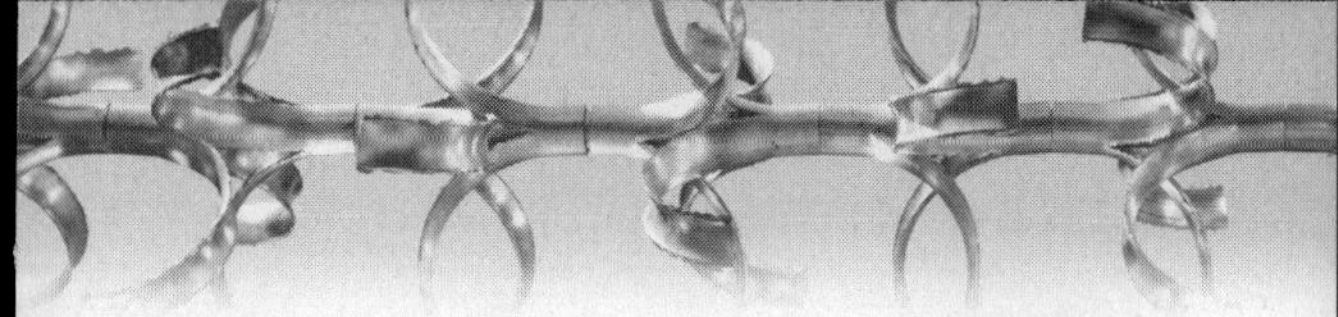

死亡事故が多発したトンネル

今は電力設備が設置されているトンネル

生駒《いこま》山は大阪府と奈良県の間にそびえている山だ。標高は642メートルとスカイツリーより少し高い程度だが、昔から霊山として人々に親しまれてきた。

　この生駒山の下を貫くように**旧生駒トンネル**は造られた。これは近鉄奈良線が使っていたもので、1914年に開通した当時は日本で2番目に長いトンネルだった。

　大型の車両が運行できないなどの理由で、1964年に並行して走る新生駒トンネルが開通するまで多くの乗客や物資の輸送に活躍したのである。

　その後、列車は走らなくなったものの、旧生駒トンネルは完全に引退したわけではない。トンネルの中には電力設備が設置されているのである。

　高圧電流が流れるたいへん危険な設備なので、もちろん部外者の立ち入りは禁止だ。

　大阪側の入口はしっかりと閉じられ、誰も侵入できないよう近鉄が厳重に管理している。

　このように内部は立入厳禁なのだが、旧生駒トンネルにはあるあだ名がある。**「呪われた**

現在は封鎖されている旧生駒トンネルの入口(大阪側)
(©Fjord and licensed for reuse under Creative Commons Licence)

トンネル」と呼ばれているのだ。

同じ場所で死亡事故が多発する

旧生駒トンネルにおどろおどろしいあだ名がつけられたのには理由がある。なぜかここでは**事故が多発している**のだ。

建設当時、地質や湧き水が障害となってトンネル工事は予想外に難航した。

そして、苦労して工事を進めていた1913年、大規模な落盤事故が起きたのである。この事故では**152人の作業員が生き埋めになり、20人が命を落とした**。

その後、開通してからは順調に客足を伸ばしていたのだが、そんなトンネルをさらに悪夢のような悲劇が襲うのだ。

1946年に**トンネルの中で車両が火災を起こし、23人が死亡、75人が負傷**した。

その翌年にも**トンネル内で火災が発生**して、**およそ40人が負傷している**のである。

しかも、惨劇はこれで終わりではない。1948年には、トンネルを走行していた急行列車のブレーキが急に壊れてしまったのである。

下り坂を猛スピードで走り出した列車を止めるすべはなく、急行列車は前を走っていた普通列車に**激突**した。このときは**49人が死亡し、282人が負傷する**という大惨事になったのである。

同じ場所で立て続けに大事故が起きることは、そうはないだろう。まさに呪われたとしか思えないような出来事だった。

心霊スポットと化すが見学ツアーもある

ところで、大阪～奈良間を走る近鉄けいはんな線は1986年に開通した路線である。この工事中に**地表が陥没する事故**があった。

また、開業した翌年には漏電が原因で**ケーブル火災が発生**し、トンネル内で列車が立ち往生した結果、1人が煙に巻かれて死亡している。

これらは旧生駒トンネルが閉鎖された後の事故で、一見すると何の関係もないようにみえる。しかし、近鉄けいはんな線の開通にあたっては、旧生駒トンネルの生駒側の**一部を再利用**していた。

そのために、旧生駒トンネルを復活させた

上:1914年開通当時のトンネル
左:1948年に起こった列車暴走追突事故の様子

せいで再び呪いがかけられたのだとも噂されているのである。

こうしたいきさつを持つ旧生駒トンネルには、**怪談めいた話**も数々伝わる。

絶対に近づいてはいけないと力説する人がいる一方、怖いもの見たさで肝試しに訪れる人も少なくなく、今や大阪でも有名な心霊スポットになっている。

ちなみに、ふだんは外から眺めることしかできないが、一般の人も中に入れるチャンスがある。2010年から近鉄が主催して夏休みに**トンネルの見学ツアー**を行っているのだ。

入口から約330メートル付近まで見学することができ、夏でも内部は17度程度の涼しさだという。

ただ、トンネル内で怪異に出くわすかどうかは定かではない。

4章 気軽には踏み込めない特殊地域

ピストルが路上で売られている村

部族の掟が支配する密貿易の村

無法地帯という言葉には恐ろしい場所のイメージがあるが、その恐怖をまさに絵に描いたような地域がある。

パキスタン北西部のアフガニスタンとの国境地帯にあるそこは、**トライバルエリア**と呼ばれる。約330万人が住むこの地域は連邦直轄部族地域である。パキスタン国内でありながら、**どの州にも属していない**のだ。

トライバルエリアという言葉は、直訳すると「部族社会」ということになる。

この地域に住んでいるのは、アフガニスタンの主要民族であるバターン（バシュトゥーン人）で、彼らはあくまでもパキスタンという**国家の「外」で生きている**。だから、パキスタンの国内にありながら、この地域は**部族の掟が支配している**のだ。

この地域のことは、パキスタンの憲法に「連邦直轄部族地域はパキスタン連邦議会および州議会の立法権限はおよばない地域」と明記されている。

これは言い換えれば、ここだけが**ひとつの独立国のような存在**だということを国家が暗

屋外で銃の調整をする人物（写真提供：kenpu）

に認めているのである。

ある意味で無法地帯であるために、麻薬や武器など常識では売買されないようなものが平気で売り買いされていたり、テロなどの計画が立てられて人々の生活が脅かされるといったことが日常的に起こっている。

なんといっても驚かされるのは、**おもな産業は麻薬の栽培と密貿易**だということだ。農業や牧畜も行われてはいるが、盛んではない。

政府の目の届かない地域なので、地域の開発やモノの流通などに注意が及ばない。そのため教育レベルも低く、**男性の識字率は3割にも満たない**という調査結果もある。

では、人々はどのようにしてお金を得ているのかというと、それが麻薬なのである。生活の糧として麻薬が作られるという、日本人の常識では考えられない地域なのだ。

屋台にあるのはドラッグと武器

実際にトライバルエリアに行くのは、それほど難しいことではない。

首都のイスラマバードから車で州都のペシャワールまで行き、そこで入域許可書を手に入れればすんなり入れるという。

ただし、現地に詳しいガイドとともに行動したほうがいい。**銃を持った人間がいたるところにいる**し、道端の屋台で大麻が当然のように売られている。

やたらと笑顔を浮かべるフレンドリーな住民がいると思ったら、その大半は**アヘン中毒者**なので近づかないほうがいいともいわれる。

偽札や偽造パスポートが普通に出回っていて、旅行者はいつ、どんな形で、それらをつかまされるかわからない。気がついたら恐ろしいトラブルに巻き込まれているような場所なのである。

また別の街では、ピストルや機関銃、**ミサイル弾やロケットランチャー**などが、まるで日用必需品のように露天で売られている。子どもが本物のピストルを持って遊んでいる光景に出くわすこともあるくらいだ。

旅行者にも容赦ない治安の悪い場所

1950年代頃からこの地域はアヘンの生産と取引の中心地となった。1980年代には、全世界に向けてアヘンを供給する地域と

アフガニスタン独自の意思決定機関ロヤジルガ。ロヤジルガとは大会議という意味で、ときに国会よりも重要な意味を持つ。

なり、パキスタン政府によって麻薬関連の活動を大々的に取り締まる試みがなされてきたものの、アフガニスタンからのアヘン密売は依然として問題になっているのだ。

こんな場所だけに、世界を旅する人々から**「世界でもっとも治安の悪い場所」**といわれてもしかたがないかもしれない。

ことにこの地域の部族は、国際テロ組織アルカイダを援助し、パキスタン政府とは対立関係にあるといわれる。それだけに**旅行者に対しても容赦ない**のだ。

そんな場所に何も知らない外国人が迷い込むのはたいへん危険である。そのためパキスタン政府は、警察官の護衛もなしにここに入り込むことを厳しく禁じている。

物珍しさに魅かれる人もいるらしいが、興味本位で行っていい場所ではないのだ。

南米にある世界一治安が悪い都市

ホンジュラス第2の都市

中米にあるホンジュラス共和国は、ユネスコの世界文化遺産「コパンのマヤ遺跡」などを有する歴史ある国である。

首都はテグシガルパだが、経済の中心となっているのは第2の都市**サン・ペドロ・スーラ**だ。

人口約71万人のこの都市は、世界一周旅行をする旅行マニアでも避けて通ることで有名な場所になっている。

というのも、サン・ペドロ・スーラはメキシコのシンクタンクが発表した「世界一治安の悪い都市ランキング」で、ここ数年連続で1位という不名誉な座にあるからだ。つまり**世界一治安の悪い地域**なのである。

公表されている殺人事件数は年々増えており、2014年には1319件だった。人口10万人あたりの殺人事件発生率は171人と過去最高で、2位のカラカス（116人）と大きく差を開けてトップだ。

ちなみに、日本の殺人事件発生率は10万人あたり1.1人だ。日本では未遂や自殺教唆《きょうさ》、幇助《ほうじょ》も「殺人」と定義されているので、それらを除くとさらに少ない数字になる。

2015年4月、ホンジュラスの自由党代理官と最高裁判所の前裁判官が殺害された現場。（写真提供：AFP＝時事）

サン・ペドロ・スーラの面積は約136平方キロメートルで、ざっくりいうと神奈川県川崎市と同じくらいの広さになる。そんな都市で、**毎日3件もの殺人が行われているのだ。**

外務省の海外安全ホームページでも当然ながら「不要不急の渡航は止めてください」と勧告している。

災害やクーデターで治安が悪化する

じつはサン・ペドロ・スーラは、以前はそれほど危険な地域ではなかった。

1900年頃に鉄道が敷かれ、アメリカからの資本が入ってバナナ農園の開発が進み、人口も増えて町は大いに繁栄した。1990年頃までは中南米でも比較的安全性の高い場所だったのだ。

ところが、1998年に発生したハリケーンや2009年に起こった軍事クーデターによる政変で、景気は一気に悪化した。

失業者が増え、人口の7割が貧困にあえぐようになる。生活費を稼ぐために、人々は**麻薬の売買**に手を出すようになった。

強盗も日常茶飯事で、強盗犯はほぼ全員が銃器を持っているので、抵抗したら間違いなく撃たれる。

だから**自分の身は自分で守るしかなく**、ここでは1人あたりライフル5丁、拳銃2丁までの所持が合法化されている。これはアメリカと比較してもかなり緩い。

しかも警察は賄賂《わいろ》を受け取っているので、まったく頼りにならない。刑務所も常に満員状態で、看守も受刑者を放置しているからやりたい放題だ。しかも、刑務所内で賭博や売春が行われているという有様だ。

メキシコマフィアが流入している

サン・ペドロ・スーラは、一見すると街並みは普通で市場の人々も笑顔で近寄ってくる。

しかし一歩裏通りに入ると、荒れた建物が並び、昼間でもほとんど人通りがない。そんなところで襲われてもおそらく誰にも気づかれないだろう。

「世界一治安の悪い都市ランキング」では、1位～10位がすべて中南米の都市である。中

刑務所での暴動の主犯となったギャングのリーダーを移送するところ。暴動では32人の囚人と警備員が死傷した。（写真提供:AFP=時事）

南米の人口は世界の8パーセントに過ぎないにもかかわらず、世界中の殺人事件の3分の1はこの地域で発生しているといわれている。

共通するのは政治の不安定、貧困、麻薬がらみの組織間の抗争、そして警察官の汚職だ。サン・ペドロ・スーラも例外ではない。

しかも、近年ではさらに気になる動きがある。**メキシコのマフィア**や**麻薬組織**がサン・ペドロ・スーラを拠点にしつつあるというのだ。

世界的にも巨大組織として知られるメキシコマフィアが流入すると、ますます無法地帯になる恐れもある。その証拠に、殺人件数は確実に増えているのだ。貧困層の若者を集めた過激なギャングも増えているという。

「世界一」という文句に魅かれて興味本位で立ち入る場所ではないのである。

ヨーロッパにあるテロリストの温床

ベルギーの首都にあるイスラム系の地区

ベルギーの首都ブリュッセルには、日本人は危険すぎて立ち入ることができない場所があるという。それはブリュッセル中心部にほど近い、**モレンベーク地区**だ。

ＥＵ本部の目と鼻の先にあるのだが、じつはこの地区は今や**テロリストの温床**となっているのだ。

しかも、この地で養成されるのは**イスラム過激派組織「ＩＳ」**（Isramic State）の戦闘員だというのである。

これはいったいどういうことか。なぜベルギーというヨーロッパの国で、イスラム系のテロリストが育つのだろうか。

この謎を解くには、モレンベーク地区の特徴を知る必要がある。

この地区はおよそ6平方キロメートルの狭い地域だが、そこに9万人以上が住むというから、人口密度はとても高い。

ここは1960年代に、**労働力を補うためにベルギーがモロッコから呼び寄せた移民が**住んだ地域で、今もその子孫が多い。そして**8割がイスラム教徒**なのだ。

サラ・アブデスラムの捕獲のためにモレンベーク地区の警備にあたるベルギーの警官（写真提供：AFP＝時事）

パリ同時多発テロの犯人の出身地

以前からモレンベークは**「テロリストの温床」**と警戒されていたが、2015年11月に起こった**パリ同時多発テロ**によって、世界的にその名が知られるようになった。

パリ同時多発テロでは132人が犠牲となった。容疑者はISの戦闘員とみられているが、実行犯とみられるサラ・アブデスラムとイブライム・アブデスラムの兄弟が経営するカフェは、モレンベークにある。

そしてテロの首謀者とみられるアブデルハミド・アバウドもモレンベーク出身なのだ。

サラ・アブデスラム容疑者はモレンベークに潜伏していたところを逮捕された。そしてその4日後には**ベルギー同時テロ**が勃発し、34人の死者が出た。このため、ベルギーのテロはＩＳの報復ともいわれている。

　モレンベークには公のモスク（イスラム教礼拝所）のほかに学校や公園もあり、一見するとそれほど治安が悪いようには見えない。

　しかしその一方で、過激派への勧誘のために場所を提供しているモスクがあるのは有名な話だ。そこでは**市民を過激派へ洗脳する**だけでなく、**実行犯をかくまうこともある**。外からはわからないが、こういった「地下モスク」がモレンベークには複数あるという。

　シリアで戦闘員となった**モレンベーク出身のテロリストが、再び故郷に戻って〝採用〟を担当する**という話もある。

　このような経緯によって、ベルギーでイスラム系のテロリストが増えているのである。

若者の5割以上に職がない

なぜ、ＩＳはモレンベークの若者に目をつけるのか。

　モレンベークは、全体の3割近くが失業者という貧しい街だ。特に**若者の5割以上は職がない**。ヨーロッパ全体が不景気で白人のキリスト教徒も就職難というなか、イスラム教徒はなおさらだ。

　しかも彼らには「自分たちはモロッコにもベルギーにも属さない」というネガティブな意識もある。

　貧困とアイデンティティーの危機に悩み、救いを求めている若者に対し、イスラム過激派グループはソーシャルメディアを巧みに利

モレンベーク地区にはイスラム教徒やイスラム系の店舗が多い。一番手前にある店はイスラム教徒向けの肉屋。（写真提供:dpa/時事通信フォト）

用して勧誘する。**「シリアに行って戦えば英雄になれる、そして生活にも困らない」**と。

テロの容疑者を小さい頃から知る人は、彼らはけっして信仰心が篤《あつ》いわけではなく、むしろモスクではほとんど見なかったという。

テロにつながるのは信仰ではなく、仕事がなく**未来が見えない不安**なのかもしれない。

テロリストにモレンベーク出身者が多いとなると、モレンベークへの警察の監視の目はますます厳しくなる。その結果、**犯罪歴のない若者でも拘束されることもある**という。

行き場を失い、不当な扱いを受けたとすれば、ISのプロパガンダを魅力的に感じる若者が出てきても不思議はない。

日々の生活のためにテロリストになるという選択肢が、モレンベーク地区にはあるのである。

子どもたちが集まるマンホールタウン

独裁者がつくった貧しい子どもたち

東欧のルーマニアといえば、かつてはニコラエ・チャウシェスクという独裁者が24年もの間支配していた社会主義国家だった。

しかしソ連解体の余波で1989年に革命が起きて、チャウシェスク夫妻は処刑される。

民主化され、自由を手にしたはずのルーマニアの人々だが、その犠牲となって今も地下に張り巡らされた**マンホールの中で生活している人たち**がいる。

首都のブカレストにある通称**「マンホールタウン」**で、貧しい彼らは肩を寄せ合って生活している。

２０１５年にテレビで放送され、そのショッキングな映像に多くの反響があったので記憶に残っているかもしれない。

この地下都市に住むのは、もとはチャウシェスク政権の崩壊で行き場を失った子どもたちで、彼らは大人になってもここで共同生活している。

現在ブカレストには**1万人以上のホームレスがいる**といわれるが、そのほとんどがチャウシェスク政策のなかで生まれてきた子ども

ブカレストの路上でビニール袋の中の接着剤を吸う少年（写真提供：EPA＝時事）

たちだ。

独裁時代、チャウシェスクは「国力とはすなわち人口なり」と掲げ、**人口を増やす政策を進めた**。人工中絶を禁止し、5人以上の子どもを産んだ女性は公的に優遇した。

人口は一時的に増えたが、貧困のためにたくさんの子どもを養えない家庭は孤児院に預けたり路上に捨てたりした。

家庭にいる子どもたちも失業した親が酒におぼれてアルコール中毒になり、子どもに暴力を振るったり働かせたりする。そんな環境から逃れるために、**自分で家から逃げ出す子どもが後を絶たなかった**のだ。

地上よりも地下のほうが暖かい――。彼らは生き残るために地下道に集まり、その数はしだいに増えていったのである。

当時の子どもたちは**「薄暗く不衛生な地下**

生活だが、それまでの息苦しい生活より自由だった」と振り返る。

狭い場所に身を寄せ合って生きることで、家族のような温もりを感じたともいう。実際にここで家族となったカップルも少なくない。

暖房用の配管から暖をとり、さらに体を温めるために**シンナーを吸う**。巨大なスラム街が地下に広がっていたのだ。

全員がHIV感染者

マンホールタウンに住む人は、**全員がHIV感染者**だ。

チャウシェスク政権の頃は孤児院で子どもが死ぬと孤児院にペナルティが与えられたため、栄養剤がわりに大人の血液が輸血されていた。不十分な検査と注射器の使いまわしによって多くがHIVに感染し、さらに子どもも先天性HIV患者になるから、この連鎖は断ち切れないのだ。不衛生な環境から、**4分の1は結核患者**だという。

閉鎖された地下都市に薬物と病気が蔓延すると、無法地帯となって収拾がつかなくなると思いきや、ここは違う。みんなが信頼するボスが存在するのだ。

この地下都市を束ねる**ブルース・リー**という男である。もちろん同名の映画俳優とは別人であるが、彼はマンホールタウンのリーダーである。

彼は薬物の売人でもあり、法を犯していることになるが、ある意味それで秩序が成り立っているのも事実なのだ。

地下から出てくるブルース・リー（©Radu Ciorniciuc/Casa Journalist）（mail Online（http://www.dailymail.co.uk/news/article-2632858/The-ultimate-living-How-poor-carve-living-SEWERS-Eastern-European-city.html）より引用）

逮捕されたリーダー

チャウシェスクが倒れて四半世紀が経つが、マンホールタウンの住民たちが国から保護されることはない。

だからブルース・リーのようなみんなを束ねるリーダーは必要だった。彼は地上に住むための家もつくっていたという。

ところが２０１５年７月、ブルース・リーが逮捕され、地上の家も取り壊されたというニュースが流れた。

ルーマニアの薬物やＨＩＶ感染者の取り締まりを強化していた警察としては、マスコミにも取り上げられて有名人となったブルース・リーを放置できなかったのかもしれない。

男性の修道士以外は入れない国

治外法権を持つ特殊な国

ギリシャの北東部、青く輝くエーゲ海に突き出た半島に、険しく切り立った標高2033メートルの山がそびえている。それが「アトス山」である。

ここはキリスト教の一大宗派である正教会の聖地だ。

正教会とは**「ギリシャ正教会」**（東方正教会）のことで、ロシアや中東・東欧を中心とする15の自立教会の連合体で成り立っている。

キリスト教は11世紀に東西に分裂しているが、このとき、西方の「ローマ・カトリック教会」に対して東方の「正教会」として発展したのがこのギリシャ正教会である。

現地でアトス山は聖なる山の意味を込めて「アギオン・オロス」とも呼ばれている。1988年にはユネスコの**世界文化遺産**にも登録された。

一帯には正教会の宗教施設が点在しており、**「アトス自治修道士共和国」**として存在している。

ここに暮らす者は、黒衣に身を包み、正教会の戒律を守り、**ほぼ自給自足で祈りを捧げ**

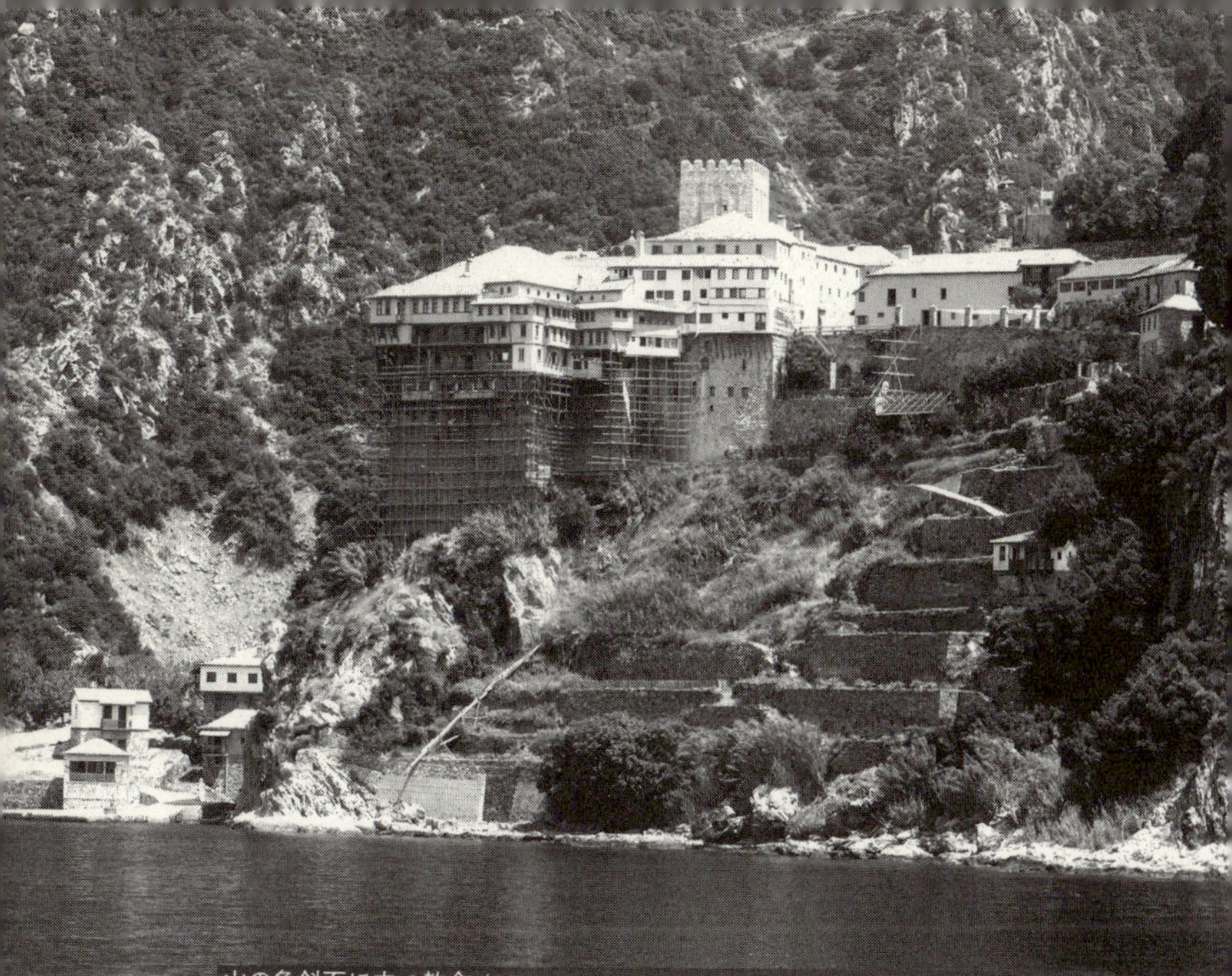

山の急斜面に立つ教会（©Fingalo and licensed for reuse under Creative Commons Licence）

る日々を送っている。

ギリシャ政府からは治外法権も認められ、世俗とはまったく異なる時間が流れる、きわめて特殊な場所なのだ。

東ローマ皇帝のお墨付き

アトスの歴史については不明な部分が多いが、伝承では紀元49年、旅の途中で嵐に遭った生神女マリア（聖母マリア）がアトスにたどり着き、あまりの美しさに聖地としたのが始まりとされている。

実際に修道士たちが住みつくようになったのは7～8世紀頃のことで、最初はわずかな人数だったが、やがて小さな共同体に発展し修道院などが建てられていった。

9世紀には、ビザンチン帝国の首都コンスタンチノープルで開かれた公会議にこの地から修道士が参加したという記録も残されている。

さらに同時期には、東ローマ帝国の皇帝から「アトス山は**修道士たちの領土**である」というお墨付きも出されたというから、その歴史は少なくとも1000年以上はあるとみなされるだろう。

最盛期は50近くあったが、焼失などにより現在は20の宗教施設がある。なかでも、もっとも古いメギスティ・ラヴラ修道院は10世紀に建設されたものだ。

その中には正教会の自立教会である、ロシア正教会やブルガリア正教会などの修道院もある。

メスは動物さえ入れない

アトスの人口はおよそ2000人だが、わずかな護衛を除く大半が修道十で、彼らは「**静寂主義**」と呼ばれる考え方を基にしたストイックな暮らしを送っている。電気や水道が通ったのもごく最近のことだ。

そのため、この地には観光気分のまま気軽に立ち寄ることはできない。特に女性は1406年から**約600年にわたって入山禁止**とされている。しかも、その対象は人間のみならず**動物のメスにまで及ぶ**という。

女性の存在は修道士の修行の妨げになるのだろうが、では男性なら入山は容易なのかというとそんなことはない。

左:メギスティ・ラヴラ修道院（©Mätes II. and licensed for reuse under Creative Commons Licence）
下:アトスの首都カリエスの様子（©SKoikopoulos and licensed for reuse under Creative Commons Licence）

信者は優先されるものの、ギリシャ人であろうと外国人であろうと入山にはいずれも事前申請による許可が必要で、**一度に入山できる人数も滞在日数も厳しく制限されている。**

アクセスは船のみで、断崖の麓からバスと徒歩でようやく入山できるのである。

過去にはフランス人の女性ジャーナリストが男装して船で上陸を試みたことがあったが、あっという間にバレて失敗に終わったという逸話も残されている。

ちなみに女性の入山は、ギリシャの法律で最長禁固2年の刑罰と定められているというからいかに厳格かがわかるだろう。

最近では物珍しさからか外国人の訪問客が増えているが、修道士たちは以前と変わらず、他国とはまるで違う世界を生きるかのように粛々と祈りの日々を過ごしているのである。

ネイティブハワイアンだけのための島

ハワイにある秘密の島

ハワイは約１３０の島から成り立っているアメリカ合衆国の１州で、年間１５０万人もの日本人客を受け入れている人気の観光地のひとつだ。

海底火山の活動によってできた島々は、そのほとんどが無人島で、人が住んでいる島はホノルル空港があるオアフ島やマウイ島などを含めて7つしかない。

そのなかに、地元のハワイアンですら立ち入ることができない、別名「シークレット・アイランド」と呼ばれる島がある。

一般の人は入れない**ニイハウ島**だ。

スコットランド人が島を買う

じつはニイハウ島は、1864年にスコットランド人のエリザベス・シンクレアが、当時ハワイを統治していた国王から島民つきで購入した、**個人の私有地**なのだ。

現在、島に住んでいるのは２００人にも満

1885年当時のニイハウ島での暮らし

たない島民たちで、古くからのハワイアンの伝統的な暮らしを守り続けている。

現在もハワイ語を話す純粋なハワイアンがほとんどだ。

彼らは、エリザベスの子孫であるロビンソン家の牧畜や農作業に従事している。

エリザベスは遺言で、**「島のハワイアンの生活を変えないように」**と言い残した。

エリザベスの子孫たちは、遺言の通り島と外部との接触を断ち、島のハワイアンたちは**電気も自動車もテレビもない生活**を送っているのである。

とはいえ、島民たちが島内に閉じ込められているというわけではない。進学などの理由で島外に出ることもできるし、ほかの島に買い物に行くこともできる。

ただし、島民でない人間が島に入る場合は

話が違う。ロビンソン家からの招待がない限り、一般人がニイハウ島に上陸することはできないのである。

戦時中の日本人とのかかわり

島がここまで強固に外部との接触を断つ理由のひとつには、太平洋戦争当時の日本との関わりがあるかもしれない。

１９４１年、**真珠湾攻撃**に向かっていた一機の**ゼロ戦がニイハウ島に不時着した**。

真珠湾攻撃のことを知らなかったニイハウ島の住民たちは、ゼロ戦のパイロットである西開地《にしかいち》海軍一等飛行曹のことをもてなしたという。

しかし、真珠湾攻撃のことを知ったとたんに島民たちの態度は一変してしまった。結局、西開地は味方になった島の日系人とともに命を落としたのである。

戦後、さまざまな証言から事件の全貌が明らかになり、この事件が当時差別されていた日系人の立場をより悪いものにしたことがわかっている。

発言者の立場によって証言には食い違いがあるものの、この後、ニイハウ島はより厳格に外部との接触を断つことになったのである。

ツアーに参加すれば行けるが…

ただし、近年では事情が変わってきていて、

上:ニイハウ島（©Christopher P. Becker and licensed for reuse under Creative Commons Licence）
右:島を購入したエリザベス・シンクレア

ニイハウ島に**観光客が上陸できるツアー**も始まった。

これはロビンソン家が、島民の医療救助のために購入したヘリコプターの維持費をまかなうために考案したツアーだ。

1人数万円という高額なうえに、上陸できるのはビーチのみ、しかも**「島民と話してはいけない」「島民の撮影も禁止」**と制限も多く、滞在時間も短い。

それでも、〝手つかずのハワイ〟を感じることができる秘境へのツアーとして人気が高いという。

エリザベスが残したかったハワイの伝統文化は今もなお、小さな島の中で生粋のハワイアンたちによってゆったりと受け継がれている。しかし、それを多くの人が目にすることは当分の間難しいだろう。

がん患者が多発する「がん村」

世界に知られている小さな村

中国の広大な国土にはいくつもの川が流れている。そのひとつが淮河《わいが》で、全長約１０８７キロメートルと、中国第三の長さを誇る大河だ。

沙潁河《さえいが》はその淮河のもっとも大きな支流で、この流域に**黄孟営村**がある。人口２１００人あまりという小さな村だが、その名は広く世界に知れ渡っている。

村を有名にしたのは、**がん患者の多さだ**。

ルポルタージュ作家の陳桂棣《チンケイテイ》氏は著書の中で、「１９９０年代、淮河の支流周辺では、がんで死亡する人の割合が10万人当たり５０００人になった」と述べている。ＷＨＯ（世界保健機関）によると、がん患者の世界的な平均は10万人あたり8〜10人なので、極端に多いことがわかるだろう。

このように水質汚染が原因と見られるがんが多発している村を**「がん村」**と呼ぶ。

しかも、がん村はこの黄孟営村だけでなく、中国全土に**200以上も存在する**といわれる。すべての省にがん村があると推定されているのである。

沙潁河を埋め尽くすゴミ（CHINADAILY USA (http://usa.chinadaily.com.cn/epaper/2013-08/08/content_16880334.htm) より引用）

水の汚染が原因か

近年、中国の大気汚染が問題視されている。晴れていても空はスモッグで薄曇り、マスクをして外出する人々の姿をニュースで見たことがあるだろう。

しかし、中国人の健康を脅かしているのは大気だけではない。**水の汚染**もまた非常に深刻なのだ。

工場や家庭からの廃水は、ほとんど**未処理のまま川へ流される**ことが多い。しかし川の水は生活用水や農業用水としても使われる。そしてその水は、流域に住む住民にダメージを与え、がん患者を増やしていくと考えられる。

水の色を「黒」と言う村の子どもたち

黄孟営村の場合、最大の汚染源とされているのは、村の上流にある大規模な**化学調味料工場**だ。

ただ、そのほかにも**紡績・皮革・製紙など大小さまざまな工場があり**、それらの廃水がすべて沙潁河へと垂れ流されているため、断定はできない。

黄孟営村は沙潁河から引いた灌漑用水に囲まれた土地で、溜め池も多い。そのため、**農作物が汚染されやすい**のだ。

飲料には井戸水を使うものの、浅い井戸は農業用の水路からの浸水があるという。実際に井戸水を検査したところ、高濃度の硝酸性窒素やマンガンが検出されたそうだ。

硝酸性窒素は消化器系のがんを引き起こすといわれており、マンガンも神経系に悪影響を及ぼす物質である。

黄孟営村では、とりわけ**消化器系のがん**が多発している。

1990～2004年の間にがんで死亡した人は100人を超え、死亡原因のおよそ半分をがんが占めている。

また、死産や流産、乳幼児の死亡、先天性の身体障害も数多く見られる。

さらに、過去10年以上にわたって新兵募集に合格した若者がいない。誰もが健康診断ではねられてしまうのだ。

ちなみに、村の子どもたちに水の色をたずねると「黒」という答えが返ってくるほど、沙潁河は汚れているのだ。

中国の国家重点風景名勝区に指定されている太湖も汚染が進んでいる。（iStock.com/Jason_YU）

なかなか進まない水質改善

数ある河川の中でも、淮河はもっとも汚染がひどいとされている川だ。その支流に位置する黄孟営村は、海外に初めてがん村の存在を知らしめた村だ。

さすがに中国政府もこの状況を見て見ぬふりはできず、水質の改善を打ち出してはいるが、十分な効果は上げられていない。

前述した化学調味料工場も、検査があるときだけ廃水を止めてチェックをすり抜けているともいう。こうした**違法な廃水は後を絶たず**、汚水の浄化処理も進んではいない。黄孟営村は中国全土に広がるがん村の、氷山の一角に過ぎないのである。

インド政府が隠したい立入禁止地帯

首狩りの習慣があったナガ族

ナガランドはインド北東部の州のひとつで、北に中国とチベット、西にブータンとバングラデシュ、東はミャンマーに囲まれている。本土から突き出たような北東部は、まるでインドとは別の国のようだ

この地域には16の主要部族からなる**ナガ族**が住んでいる。人口は推定300万人で、焼き畑と狩猟を営む。インドとビルマの国境は険しい山岳地帯にあるため昔から訪れる人も少なく、彼らは精霊信仰による独特の文化で暮らしてきた。

ここではつい100年ほど前の1900年代初めまで**「首狩り」の習慣**が続いていたのだ。

ナガ族の精霊信仰では、人間の頭蓋骨は作物の豊作をはじめ、**部族や動物の繁栄をもたらす生命力**とも考えられており、彼らにとって首狩りは見世物ではなく、独自の文化のひとつだ。けっして部族間の争いや報復が理由ではないのだ。

「男は首狩りができないと結婚できない」ともいわれていたが、20世紀にイギリス人がキリスト教を布教したことにより、首狩りの習

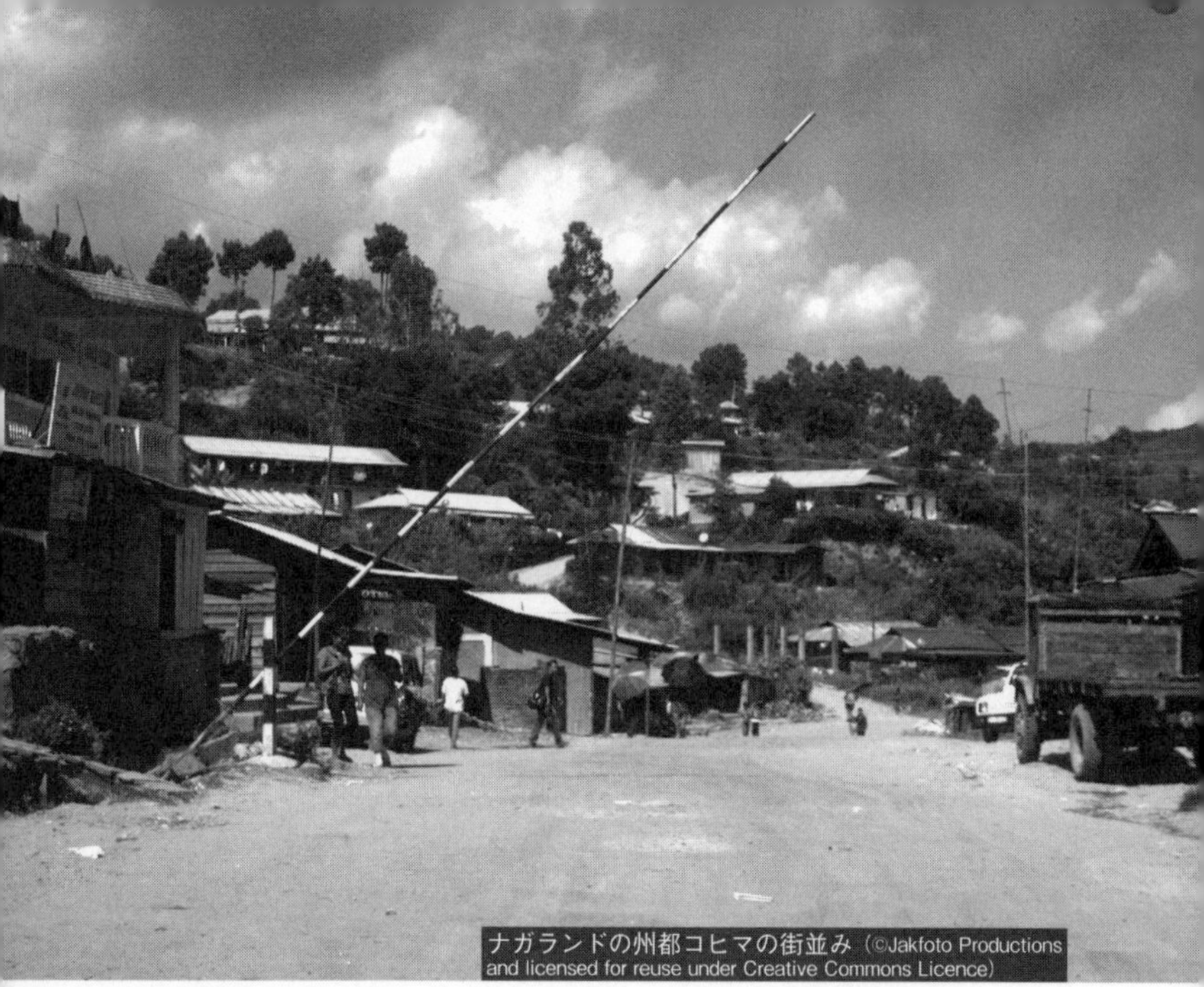
ナガランドの州都コヒマの街並み（©Jakfoto Productions and licensed for reuse under Creative Commons Licence）

慣は1940年代にはなくなった。

インド政府が命じた外国人立入禁止

しかし、第2次世界大戦後もナガランドはインド政府から**外国人の立ち入りを厳しく禁じられてきた**。

じつは、インド政府はこの地域を隠しておきたいのである。

背景には、先住民に対する弾圧の歴史がある。世界はおろかインドでもあまり知られていないが、ナガ族は**半世紀以上も民族浄化に苦しめられた**のだ。

話は19世紀、イギリスがインドとビルマの植民地化を進めた頃にさかのぼる。

イギリスは執拗にナガランドを攻撃するが、ナガ族たちは、村を守るために総力で戦った。イギリスの砲弾に対して竹槍に刀という原始的な方法で100年間も抵抗し続け、結局イギリスはナガランドを完全支配することはできなかった。

第2次世界大戦が終わってイギリスは撤退することになったが、その際**ナガランドをビルマとインドに一方的に割譲した**のだ。

イギリスが勝手に引いた一本の線が、インドとビルマの国境となったのである。

併合を拒んだナガ族は、インドがイギリスから独立した前夜の1947年8月14日に「ナガランド」として独立を宣言したものの、国際的には認められなかった。

しかしナガ族は、その後もインド総選挙をボイコットしたり、住民投票で独立を示すなどしてインドへの併合に反発した。それに対しインド政府は大量の軍と警察を送り込んだのだ。

「文明的に遅れた人々を支援する」という大義名分のもと、1951年以降は**容赦のない弾圧と攻撃**が繰り返されたのである。

犠牲者の数は20万～30万人？

弾圧は1954年以降ますます激しくなり、インド軍は容赦なく**村を焼き払う作戦**に出た。住民たちはジャングルに逃げ出すしかなく、そこで飢餓や病気で多くの人の命が奪われたのだ。

焼かれた村は700近く、犠牲者は20～

ナガ族の人々。右は1870年代のもの、左は武装した若者（詳細不明）。彼らのような先住民族がインド政府の弾圧によって殺された。

30万人といわれるが、正確な数字はわかっていない。

そして1997年、ナガ族の全武装組織がインド政府との停戦に応じ、ようやくインド軍による軍事作戦はなりをひそめる。しかし、市街地や幹線道路には今もインド兵が立つ。

国際社会から長い間遮断されてきたナガランドだが、最近は州都コヒマやその周辺には、旅行者も訪れることができるようになった。森林地帯にあることから、豊富な地下資源も期待されている。

ところで、首狩りの習慣は数十年前にはなくなったといわれるが、一説には最後まで伝統を守り続けた部族が1985年に行ったという。

ただ奥地に行けば、実際のところは今も何が起こっているか知るよしもない。

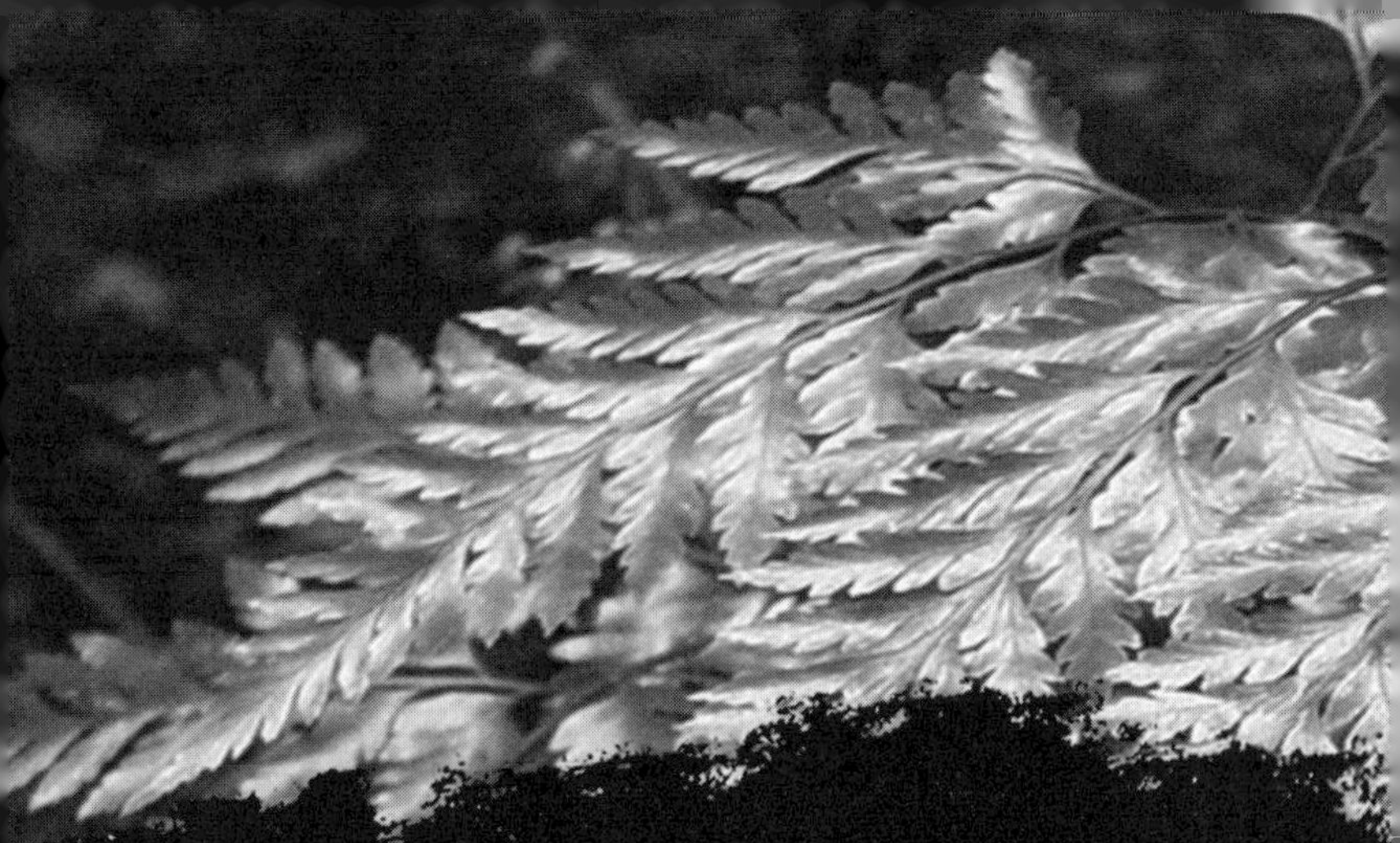

5章
大自然が脅威になるエリア

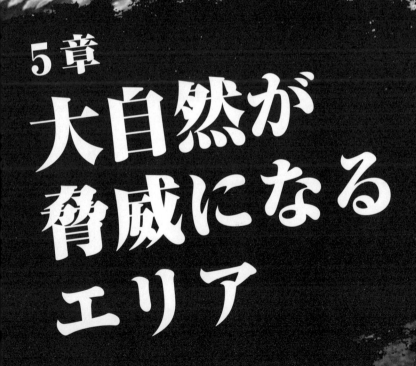

砂漠に大きな口を開ける「地獄の門」

砂漠にぽっかりと開いた巨大な穴

荒涼とした砂漠の中に突如として巨大な穴がぽっかりと口を開け、灼熱の炎が燃え続けている。

なんとも不気味なこの穴は中央アジアのトルクメニスタンに存在する、通称「地獄の門」と呼ばれる**ガスクレーター**である。

地獄の門が開いたのは、45年以上も前に起こったある事故が原因だ。

トルクメニスタンの地下には豊富な天然ガスが埋蔵されていることで知られるが、そのことに目をつけたのが当時トルクメニスタンを占領していた旧ソ連だった。

このため、1971年に地質学者が派遣されてボーリング調査を行うことになり、偶然にも**天然ガスの洞窟**を発見したのだ。

しかし、このとき、**落盤事故**が起きて掘削装置ごと洞窟は崩落し、幅が約60～100メートル、深さが約20メートルといわれる巨大な穴が出現してしまったのである。

しかも、穴からは**有毒ガスが噴出**し、周囲へのガス漏れを防ぐために穴の中に火を放ってガスを燃焼させるしかなかった。

「地獄の門」と呼ばれる穴（©flydime and licensed for reuse under Creative Commons Licence）

それ以来、地獄の門の炎は消えることなく延々と燃え続けている。

いまも炎をふき上げ続ける

地獄の門が存在するダルヴァザ村は、アハル州にある。

トルクメニスタンの国土の約70％を占めるカラクム砂漠のほぼ中央に位置し、首都アシガバードからは北へ260キロメートルほどの距離だ。車だと3～4時間はかかる。

地獄の門の周囲にはほとんど何もない砂漠が広がるが、そこにいきなり噴火口のように**火が燃えさかる大きな穴**が現れるのだ。その大火は数キロメートル離れたところからも確認できるほどだ。

近くまで寄って火口の中を見ると、いくつもの大きい炎や小さい炎がガスの噴出している場所で燃え上がっている。その火力は凄まじく、淵から中を覗き込んでもまともに目を開けていられないほどの熱風が上がってくる。

まさしく地獄さながらの光景なのだが、意外なことにこの危険なエリアには特に立ち入りを規制する看板や注意を促す柵などはない。普通に観光客が見物することができるのだ。

そのため、穴の近くまで車で乗りつけた観光客が、穴の淵のギリギリのところで記念撮影している姿も当たり前になっている。

さらに、夜ともなればさらに地獄の様相が強くなる。周囲を照らす電灯などがない真っ暗な砂漠の真ん中に、巨大なクレーターが口を開けてオレンジ色の業火を吹いている。その様子は、まさに地獄の門と呼ぶにふさわしい恐ろしさがある反面、何ともいえない美しさがある。

近辺にはホテルなどの宿泊施設もないので、テントなどを持ち込んで地獄の門のすぐ近くでキャンプする観光客も少なくない。

だが、暗闇に浮かび上がる炎に魅了されて、穴の中へと一歩踏み出したら最後、あっという間に業火に焼き尽くされてしまう。そんな、この世のものとは思えない風景が人々を惹きつけるのだろう。

鎮火したくてもできない

そんななか、この**地獄の門を封鎖しようと**

穴の周囲には何もないので、夜に見物をしたいならこの近辺でキャンプをするしかない。（©Stefan Krasowski）

いう動きもある。

2010年にはトルクメニスタンのベルディムハメドフ大統領がこのガスクレーターを封鎖するか、そのほかのガス田開発に支障が出ないような対策をとるように地元当局に指示したという。

トルクメニスタンは今後、天然ガスの生産量を増やしたいのだが、このまま地獄の門が開いていると近辺のガス田の掘削ができないからだ。

とはいえ、**技術的に天然ガスの燃焼を止めるのは難しい**。また、この穴の天然ガスの埋蔵量がどれだけあるかも不明なため、いつになったら鎮火するのかわからないのだ。

現在でも灼熱の炎は赤々と燃えあがり、地獄の炎に魅せられた人々が危険を顧みずにその死の淵へと足を運んでいる。

選ばれた人だけが見られる地上の波

隠れた絶景スポット

絶景といわれる場所の中でも、これぞ世界一だと評されるのがアメリカのアリゾナ州にある「**ザ・ウェーブ**」である。

その波打つような縞模様の岩は、地球上の景色とは思えないような不思議な造形美を生み出している。

幾層にも積み重なった砂岩の地層が長い年月をかけて削られて、オレンジ色や赤茶色、ピンク、黄色といった色鮮やかな斜面がうねるように露出しているのである。

その独特な色合いの斜面が織り成す神秘的な景観は見る者を圧倒してやまず、旅好きの人々の間で隠れた絶景スポットとして大人気になっているのだ。

行けるのは1日20人だけ

ザ・ウェーブがあるのは、バーミリオンクリフス国定公園の中である。

この周辺はグランドサークルと呼ばれるエ

地上に巨大な波形を描くザ・ウェーブ

リアで、多くの国立公園や国定公園がある自然の宝庫だ。

バーミリオンクリフス国定公園はその円のほぼ中央部に位置しており、ザ・ウェーブを擁するノースコヨーテビュートが人気を集めている。

しかし、そう簡単に訪れることはできない。なぜなら、自然を守るために立ち入り制限があり、**1日に20名しか入山の許可が下りない**からである。

許可証を得るにはインターネットで10名、現地で10名の抽選で選ばれる必要がある。1グループで申し込めるのは6名までだ。

インターネットの場合は4ヵ月前から申し込みが開始され、メールで結果が通知される。申し込み手数料として5ドルを支払うが、落選した場合もこの手数料は戻らない。

一方、現地での抽選は、ザ・ウェーブ近くのカナブ市内にある連邦土地管理局（BLM）のビジターセンターで行われる。

朝の8時に開館し、翌日分の許可証の申し込みが9時に締め切られて抽選が行われるが、わずか10枚の許可証を求めて毎回大勢の旅行者が押しかけるため、許可証の取得はきわめて困難だといわれる。

しかも、春や秋は競争率がさらに高まり、**30倍～100倍になるときもある**という。

抽選に代理人を立てたり許可証を譲渡することは禁止されているため、どうしてもザ・ウェーブに行きたい人の中には**連泊して抽選にチャレンジする人もいる**。

こうした熾烈な抽選を経て当選したグループだけが1人7ドルを支払って、許可証とザ・ウェーブまでの道のりが記された地図を受け取ることができるのだ。

当選後に始まる過酷な道のり

運よく許可証と地図を手に入れた人はザ・ウェーブまで行くことができるが、まず、最寄りの街からスタート地点まで未舗装の場所もある道路を1時間近くかけて車で走らなくてはならない。

ビジターセンターでは4WDなどの険しい道のりでも耐えられる車を推奨しているが、雨が降った翌日などは、タイヤが泥にはまって4WDでも厳しい場合があるという。

スタート地点まで来たら、いよいよザ・ウェーブは間近だが、ここから先の道のりは**舗装さ**

絶景にたどり着くためには、運と体力に加えて長時間歩き続ける覚悟が必要になる。(©Bureau of Land Management)

れた道路はなく、標識もほとんどない。

写真入りの地図を見ながら目印となる地形を頼りに、まったくの未開の大地を片道2時間近く歩かなくてはならない。

似たような岩の景色が続くので、ちょっとでも油断すれば自分が歩いてきた道や、進む方向さえ分からなくなる。

特に、夏場は暑さが厳しいうえに雷雨に襲われる可能性も高い。持参した水の量が足りなくなれば、脱水症状になる危険もある。

逆に、冬場は夕方以降に氷点下になる日もあるなど、**命すら脅かされるさまざまなリスク**がともなう場所なのだ。

道に迷う人も多く、過去には**死者を出す遭難事故も起きている**。しかし命がけでも行く価値のある絶景を求め、人々はみずから過酷な道のりを進むのだ。

地球で一番乾いている南極の砂漠

寒さが生みだす究極の不毛の地

南極大陸は、土地の約98%が氷で覆われていて、最低気温マイナス89度を記録したことがある地球上でもっとも寒い場所である。その南極に、砂漠があるというと驚く人も多いだろう。

しかし、そもそも南極は、約１４００万平方キロメートルという広大な大陸全土が砂漠だといわれることもある場所なのだ。

一般的に砂漠というと、降雨量が極端に少なく乾燥していて、生物が生息しにくい土地のことをいう。

じつは南極の降水量も海岸部で年間２００ミリメートル程度で、内陸に至ってはわずか50ミリメートルくらいしかない。年間２００ミリメートルというと、中東のイランと同じくらいの数字である。

しかも、あまりの寒さで地表の氷がほとんど蒸発しないため、空気中に水分が含まれず湿度がきわめて低い。**空気がとても乾燥している**のだ。

そして、そのなかでも究極に乾燥した不毛の大地が**マクマードドライバレー**なのである。

マクマードドライバレー

極寒なのに水が凍らない

マクマードドライバレーは、その昔、氷河に削られてできた渓谷である。周囲を氷河や山脈に囲まれた4000平方キロメートル以上もある乾燥地帯で、大きな谷が存在する。

南極大陸の太平洋側、オーストラリアやニュージーランドの南方にあたる位置にあり、マクマード湾を挟んで対岸には、アメリカのマクマード基地があるロス島がある。

氷で覆われている南極ではあるが、マクマードドライバレーには**冬でも雪や氷がほとんど存在しない**。あるのは、かつて氷河が削った大地の窪みに水がたまってできた湖や池ぐらいである。

もっとも、南極の水は凍らない。たとえば、池のひとつであるドンファン池は、気温がマイナス60度になっても凍らない。

これはマクマードドライバレーがあまりに乾燥しているため、水分が蒸発して**湖の塩分濃度が極度に濃い**からだ。この湖の塩分濃度はなんと海水の10倍にもなるという。

また、殺伐とした大地には、氷河によって運ばれてきた巨大な石が強風に飛ばされた砂で長い年月をかけて削られ、奇妙な形になって転がっている。

周囲の高い山から滑降風《かっこうふう》という**猛烈な強風**がいつも吹き降ろしていて、空気中に残るわずかな水分すらも吹き飛ばしてしまうのだ。

そのため、ただでさえ乾燥している南極で、マクマードドライバレーはとりわけカラカラに乾燥しているのである。

人間には耐えられない世界

このように極寒で、乾燥し、強風が吹きすさぶマクマードドライバレーは、生物が生きていくにはあまりに厳しい環境だ。地球でもっとも火星に近いといわれるほどである。

ただ、どうやって迷いこんだのか、**アザラシの死骸などがミイラ化して見つかる**こともある。

乾燥が激しいと、動物の肌や粘膜から水分が失われるほか、血液中からも水分が減っていく。発見されたアザラシも、生命維持に必要な水分を失ってミイラになってしまったのかもしれない。

このような場所に人が立ち入れば、血液ま

「血の滝」と呼ばれる場所。中央よりやや右手の部分から真っ赤な水が流れ出ている。（©Mike Martoccia and licensed for reuse under Creative Commons Licence）

でドロドロになり、心筋梗塞などの危険も高まる可能性がある。

また、マクマードドライバレーには**「血の滝」と呼ばれる真っ赤な滝**がある。

テイラー氷河からマクマードドライバレーにあるボニー湖へと注ぐ滝なのだが、白い氷河から鮮血のような赤い滝が流れる光景は奇妙としかいいようがない。

だが、もちろん血液であるわけはなく、これも鉄分を多く含んだ塩分濃度の高い塩水なのである。

「血の滝」の塩水にはさまざまな微生物が生存したり、藻などの活動も見られたりするが、それ以上の高等な動植物はこの地ではけっして生きていくことができない。

生命の息吹がほとんど感じられない、まさに**〝死の谷〟**といえる場所である。

ヒグマが出没する知床の世界遺産

知床の生態系の頂点に君臨するヒグマ

ユネスコの世界自然遺産に登録されている知床は、北海道東部に位置する知床半島の中央から先の部分にあたる地域だ。

知床国立公園などの陸域と、海岸線から約3キロの海域からなり、雄大な自然と豊かな生態系が育まれている世界でも貴重な場所である。

そんな知床の中央に連なる知床連山のふもとの原生林の中に、**知床五湖**がある。大小5つの湖が点在しており、周囲には一周約3キロメートルの地上遊歩道が整備され、ぐるりと歩き回ることができる。

この地上遊歩道では湖に映える知床連山の景観を眺めたり、珍しい草花や動物を間近に観察したりと、自然の素晴らしさを満喫できるのだが、一方で観光客の命を脅かす危険も潜んでいる。

その正体は、北海道最大の陸上生物であり、知床の生態系の頂点に君臨する**ヒグマ**である。

ヒグマは、大きなもので体重が400キロにもなり、獰猛《どうもう》で鋭い爪を持ち、破壊力も強大だ。

道路を堂々と横断するヒグマ（写真提供：毎日新聞社）

そのヒグマが、知床半島には少なくとも250頭は生息しているとみられる。これは**世界的にみてもかなり高い密度**だという。

人を恐れないヒグマ

知床財団によれば、近年でもっともヒグマの目撃件数が多かったのは2012年で、年間2150件にものぼった。

これはヒグマの冬眠期間を除いて1日に約6回も目撃されていることになる数字だ。ほかの年でも平均900件は目撃されているという。

つまり、知床ではヒグマに遭遇することがそれほど珍しくないというわけだ。

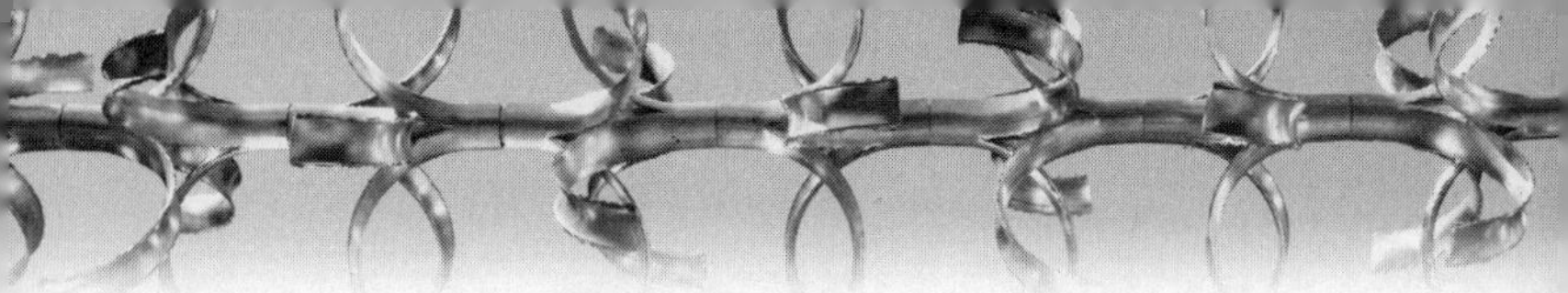

知床五湖周辺は特に頻繁にヒグマが出没するエリアなので、観光中に**いつヒグマに出くわしてもおかしくはない**。

湖の周囲の木には、ヒグマが木の実をとるために登った痕跡が生々しく残るものも確認できる。

しかも、知床のヒグマのなかには**人を恐れないヒグマも少なくない**。

これは知床で長い間狩猟制限が行われてきたことに加えて、ヒグマに近寄ってカメラで撮る観光客などが増えたことから、ヒグマが「人馴れ」してしまったためだと考えられている。

人は無害で怖くないと感じてしまったヒグマが、人の間近まで接近してきたり、状況によって襲ってきたりする可能性はおおいにあるのだ。

ツアーが中止になることもある

このような命の危険と背中合わせのなかで、かつて知床五湖の地上遊歩道はヒグマが現れるたびに閉鎖されてきた。

なかでも5月から7月のヒグマがもっとも出没しやすい時期には、三湖から五湖にかけてのルートは、ほとんど立入禁止の状態になっていたほどである。

それが近年は、立ち入り手続きをして有料のガイドツアーに参加すれば、ヒグマの活動期でも地上遊歩道を利用できるようになった。

参加者は事前にヒグマについてのレクチャーを受ける。引率者はヒグマと遭遇したときの回避の方法や、万が一のときの対処法を身に

左:ヒグマの出没中は一部の区域が立入禁止になる。
下:高架木道はヒグマの影響を考えずにいつでも利用できる。
（©663highland and licensed for reuse under Creative Commons Licence）

つけていて、無線でヒグマの出没状況を常に確認するなど安全対策も怠らない。

だが、それでも**危険が高いときなどにはツアーが中止になることもある。**

ちなみに、地上遊歩道に立ち入れないときには、高さ2~4メートルの**高架木道**を利用することができる。こちらにはヒグマ対策の電気柵も備えられていて、立ち入り手続きも不要だ。

しかし、いくら安全対策がとられていてもヒグマが身近にいる事実に変わりはない。**一度、人の味を覚えたヒグマは繰り返し人を襲う**傾向があるといわれる。もしヒグマが人を襲う事件が発生すれば、人間はもちろん、射殺されるヒグマにとっても悲劇となる。

観光気分でうかつに彼らに接近すれば、恐ろしい事態を招くおそれもあるのだ。

手つかずの生態系と進化が見られる島

約50年前にできた新しい島

現在の地球上では、人類の手が入らない自然の生態系を観測することは非常に難しくなったが、無生物の状態から生態系が形成されていく様子をリアルタイムで見ることができる場所がある。

それがアイスランドの南の海上に存在する**スルツェイ島**だ。

１９６３年からの海底火山の噴火によってできたこの島は、北欧神話に登場する「スルト」という炎の巨人にちなんで名づけられた。

アイスランド政府は、スルツェイ島を自国の領土とし、**許可を得た研究者以外の立ち入りを禁じた**。

小さな観測所を設置する以外は、人類の影響を極限まで排除した自然保護区にしたのだ。

生態系が現在進行形でつくられている

島の生成が始まった当初は、火山灰で覆われていたため生物の痕跡はなかった。風雨に

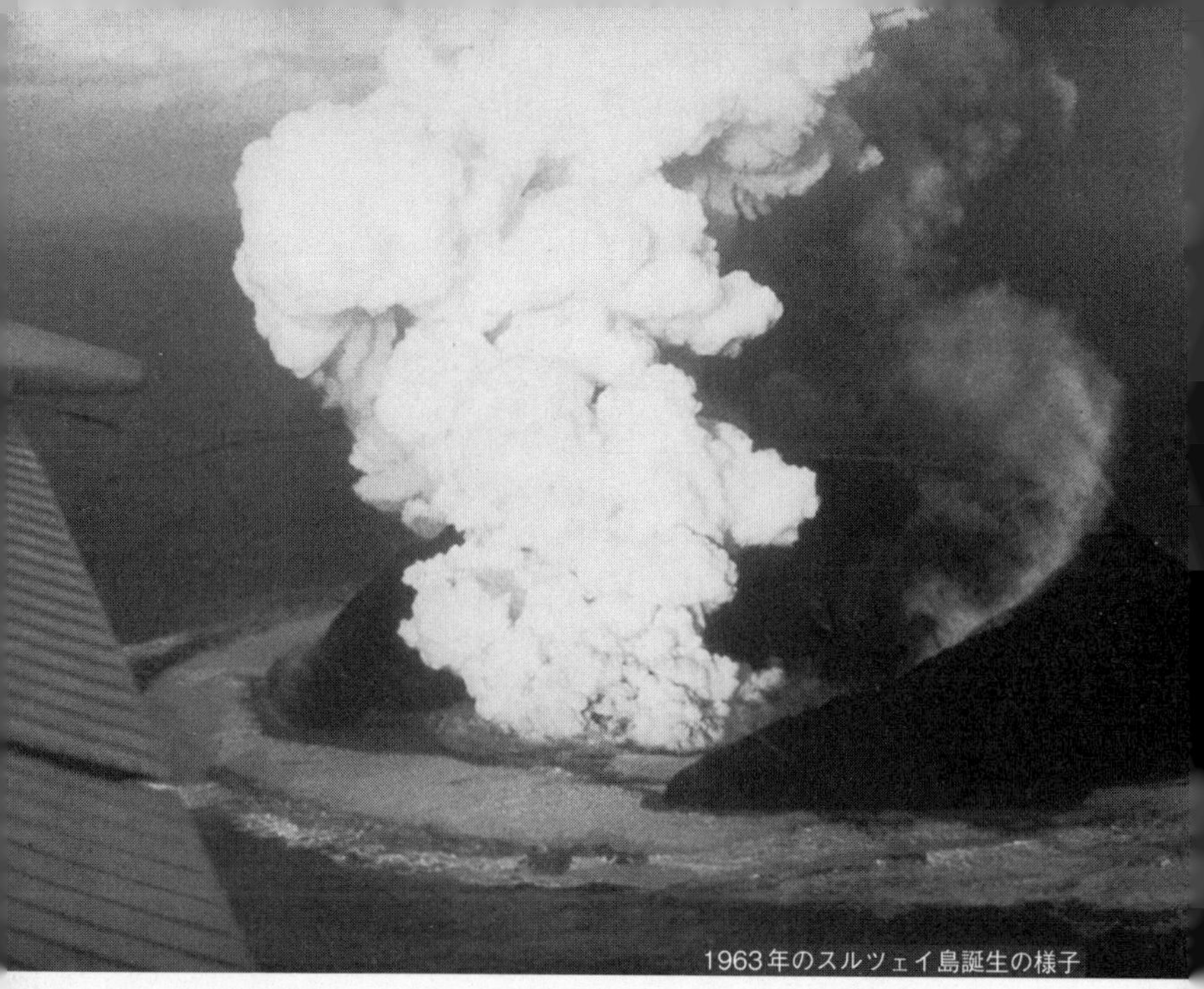

1963年のスルツェイ島誕生の様子

よって火山灰が洗い流された後、生態系は徐々に豊かになっていく。

まず、1965年に**維管束《いかんそく》植物**の生育が観測された。維管束植物とは苔類や藻類を除く植物で、水やミネラルなどを体内に行きわたらせるための管である「維管束」を持った植物である。

1970年頃には、**海鳥の群れ**が観測されるようになる。大量の海鳥が島に生息し始め、その糞は島の土壌に堆積していった。このことが溶岩でできていたスルツェイ島の土地を豊かにした。

土地が豊かになれば、そこで育つ生物も増えていく。1983年には海鳥だけでなく、**アザラシ**が繁殖を始めたことが確認された。

さらに、1998年には背の低い木である灌木の生育がみられるようになった。

人間の関与を排除する

生態系が形成される様子をまるで早送りで見られるかのようなスルツェイ島は、学術的にも貴重な資源である。

その資源を守るために、スルツェイ島の研究チームは島全域における活動のすべてを厳しく監視し、**人為的な影響を排除することを徹底している**。

厳しい監視体制は陸だけでなく、海域にも及ぶ。ダイビングや、沿岸2キロ以内の海上で銃器を使用することも禁止されているのだ。

しかし、どんなことにも絶対はないもので、過去に2度、人間が持ち込んだ農作物であるトマトとジャガイモが見つかっている。

すぐに取り除かれたが、ジャガイモはボートで渡ってきた子どもがいたずらで埋めたと判明している。

2004年までに、スルツェイ島では69種類の維管束植物、71種類の地衣類、24種類の菌類、14種類の鳥類、335種類の無脊椎動物の生息が確認されている。

植物は鳥や虫、風などによって島に運ばれ、土地を豊かにする。そして、豊かな土地がさらに生態系を豊かにするのだ。

その結果、スルツェイ島では今でも**年に2〜5種類の生物が新たに観測され続けている**のである。

無生物状態から始まった島の生態系は、刻々と変化している。今後どうなっていくのか、研究者たちは固唾《かたず》をのんで見守っているのである。

左は「海オウム」とも呼ばれるニシツノメドリ。上はノーザン・ロッククレスという名の花。どちらもスルツェイ島にて確認されている。（©左:Tomi/右:petur r and licensed for reuse under Creative Commons Licence）

右:むき出しになった島の地肌（©CanonS2 and licensed for reuse under Creative Commons Licence）

下:島への上陸は制限されているため、観察は船上からになる。（©Brian Gratwicke）

生き物の命を吸い取る「赤い湖」

乾季になると赤色に染まる水面

タンザニアの北部、ケニアとの国境近くに**ナトロン湖**という不思議な湖がある。

ナトロン湖は長さ50キロメートル、幅20キロメートル、水深3メートルと広大な湖だ。ただ、これはあくまでも基本的なデータで、天候や季節によって大きく変化する。

しかし、それよりももっと不思議なのは湖面の色だ。

湖といえば、普通は深い青色や緑色を思い浮かべるだろうが、ナトロン湖は**乾季になると鮮やかな赤色に染まる**のだ。

これは、乾季になると藻類の一種であるスピルリナが大量に発生するためだ。スピルリナが持つ赤い色素のせいで、湖面が赤やピンク、オレンジといった幻想的な色合いを見せるのである。

もっとも、それを珍しがったり、美しい風景だと感動するのは人間だけで、スピルリナ以外、ナトロン湖を好む生き物はほとんどいない。

なぜなら、この湖は**生き物にとって非常に危険な存在**だからだ。

ナトロン湖の水面。白い渦のように見えるのはソーダが結晶になったもの。（iStock.com/MHGALLERY）

生き物を石のようにしてしまう

もともと湖の周辺は日中の気温が40度を超えることもある**酷暑地帯**なので、生き物はそれほど多くない。

それに加えて、湖の水質がこの場所の特異性を決定づけている。

ナトロン湖は強いアルカリ性の**塩湖**で、pH（水素イオン指数）は9～10とされており、これはアンモニアとほぼ同じだ。

しかも、湖の底や周辺からは炭酸ナトリウムが出ているため、いわば**ソーダの湖**でもある。

湖を上空から眺めるとひび割れのような白い模様が見えるが、これは炭酸ナトリウムが結晶したものだ。

こうした環境のせいで、湖の近くでは樹木が育たない。

とはいえ、これだけでは過酷な環境とは言えたとしても、「生き物にとって危険」とまでは言い切れないだろう。

しかしこの湖には、さらなる危険が存在する。ギリシア神話に登場するメデューサのように、**動植物を化石に変えてしまうこともある**のだ。

ナトロン湖の水に含まれる炭酸ナトリウムは、古代エジプトで死者をミイラにする際、水分を抜くために使った物質だ。生き物から水分を奪い、石のように硬くしてしまうのである。

しかも化石化した生き物は、通常の「化石」という言葉から連想されるような干からびた骨の状態ではなく、**今にも動き出しそうなほど生きているときのままの姿を残している**。

これは炭酸ナトリウムと高濃度の塩分、さらには高温の乾燥地帯という条件があいまって引き起こされる摩訶不思議な現象だ。もっとも、石化の過程についてはいまだ謎に包まれている。

フラミンゴのピンク色のわけ

ところで、じつはナトロン湖を好む生き物がスピルリナのほかにもうひとついる。それは**フラミンゴ**である。

ナトロン湖には250万羽ともいわれるフラミンゴの群れが棲息しており、特にレッサー

湖に集まるフラミンゴ（©Nevit Dilmen and licensed for reuse under Creative Commons Licence）

フラミンゴにとってはここが唯一の繁殖地になっている。

フラミンゴはスピルリナをエサとする。フラミンゴのピンク色は、スピルリナを食べることによって生まれているのだ。だから、エサが少なくなると、フラミンゴの身体は白っぽくなるのだという。

ナトロン湖はエサが豊富にあるうえ、過酷な環境で天敵も少ないため、フラミンゴが暮らしやすいのだろうと考えられている。

このような独特な生態系を備えたナトロン湖盆地は、2001年にラムサール条約によって、保全すべき重要な湿地であると認められている。

しかし、砂漠化の影響で**湖は縮小傾向**にあり、将来はなくなってしまうのではないかともいわれている。

人を死傷させる雷が多発する湖

1年のうち200日雷が発生する

南米大陸最大の湖である**マラカイボ湖**は、面積の大きさだけでなく世界一の雷多発エリアとして知られている。

1年間に雷が発生する日はなんと200日以上といわれ、**ほぼ毎日のようにすさまじい雷が湖上に轟いている**のである。

その雷の発生数はアメリカ航空宇宙局（NASA）が正式に認定し、2014年にはギネスブックにも登録されたほどだ。

さらに、不思議なことにマラカイボ湖の雷は**ほぼ同じ時間帯に同じ場所で起こる。**

しかも、落雷は1度きりで終わるわけではない。その時間帯になると、何時間にもわたって、同じ場所でいくつもの雷が発生し続けるのである。

ご存じのとおり雷のエネルギーは相当なもので、1回の雷でも100ワットの電球を90億個光らせることができる。

その恐ろしい威力から**ときに人を死傷させ、建物が火事になる原因ともなる**雷だが、なぜマラカイボ湖には集中して雷が多発しているのだろうか。

湖上に複数の稲妻が走る様子（©Thechemicalengineer and licensed for reuse under Creative Commons Licence）

毎夜落ちる赤い雷と蜘蛛の巣状の稲妻

マラカイボ湖はカリブ海に面した国、ベネズエラの北西に位置する。

その面積は約1万3000平方キロメートルにもなり、周囲をアンデス山脈に囲まれ、カリブ海にもつながっている。

雷が多発しているのはマラカイボ湖の南部のほうの湖上と、カタトゥンボ川河口の湿原エリアの2カ所である。

まず、夜7時過ぎになるとカタトゥンボ湿原で赤い雷が光り始める。**雷鳴はなく**、ただ**周囲を赤く照らす**この不思議な雷は、**毎夜だいたい1～2時間は光り続ける**。

この赤い雷は、大航海時代から「マラカイ

ボの灯台」と呼ばれ、スペインなどから砂糖やコーヒーを積み出しにやってくる船乗りたちが航海の目印にしていたという。

そして、この赤い雷がやんでから数時間経った深夜1時過ぎに、今度はマラカイボ湖の南部の湖上で**凄まじい雷が発生する。**

この場所での雷は激しい稲妻が走り、しばらくすると強い雨と風の嵐を運んでくる。やがて吹き荒れた嵐が収まってくると、空には**蜘蛛の巣状の稲妻が光り始める**のだ。

通常、稲妻は空から地面に伸びていくものだが、マライカイボ湖で見られる稲妻は地面から上空に向かって伸びていくものや、水平に走っていくものなどがある。**1時間に走る稲妻は、ときに3000本以上ともいわれる。**

この現象が3～4時間は続き、明け方になってようやく激しい落雷は終了する。

これが、毎晩のように起こっているというのだから驚く。

落雷で死亡した元巨人軍選手

世界でも類を見ないこうした雷現象が起きる理由には、マラカイボ湖の周辺の地形が大きく関わっているという。

雷は発達した積乱雲の中で氷の粒がぶつかり合って生じた**静電気**だ。これが空気中に放たれると雷になって落ちる。

マラカイボ湖は周囲をアンデス山脈に囲まれ、そこにカリブ海から湿気を含んだ風が流れ込むために急激な上昇気流が起きやすい。そのため、この場所で積乱雲が発達して激し

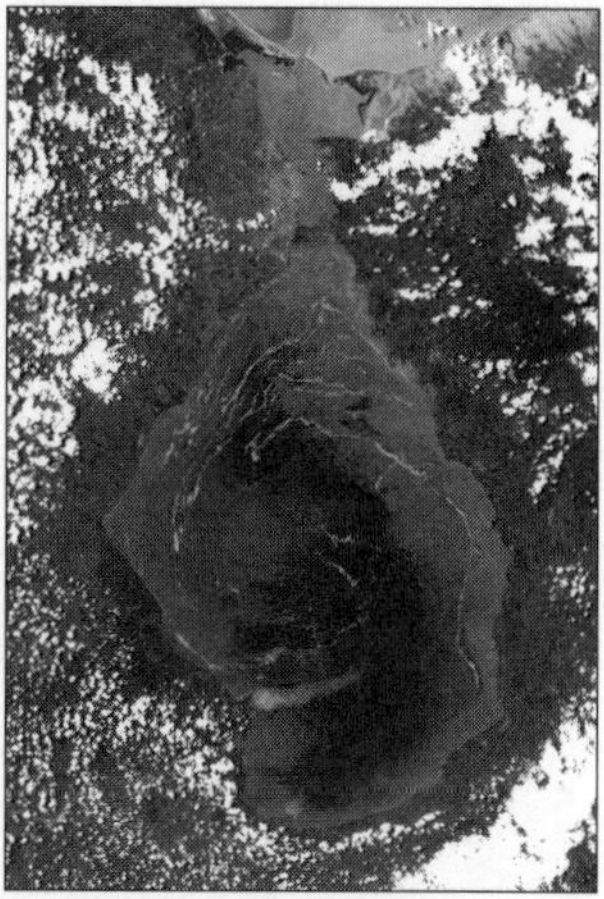

上:雲に囲まれたマカライボ湖
左:ジェレミー・ゴンザレス（写真提供:時事）

い雷を引き起こしていると考えられるのだが、今も謎は多く研究が続けられている。

　そんな神秘的かつ衝撃的な雷の光景を見ようと、世界中から雷の愛好家や写真家たちがこの地に集まっている。

　雷がよく見えるオロガ村の周辺にはガイドもいるが、スリア州の州都であるマラカイボの街から車やボートを何時間も乗り継いで辿り着かねばならず、観光地とは言い難い。

　また、アトラクション気分で見物に行けば、落雷で命を落とす危険も否定できない。実際に、2008年には元巨人軍のプロ野球選手であるジェレミー・ゴンザレス氏がマラカイボ湖で**水上バイクに乗っていた際に落雷を受けて死亡している**。

　壮大な雷の光景を見るには、死の危険がつきまとうことも覚えておきたい。

地球の最深部・チャレンジャー海淵

世界で一番深い場所

地球上において、まだほとんど誰も立ち入ったことがない危険なエリアのひとつが**マリアナ海溝**だろう。

マリアナ海溝は、太平洋のマリアナ諸島の東側に全長約2550キロメートルにわたって存在する。

海溝とは細長い溝状の海底地形のことで、海洋プレートが屈曲して沈み込むところに生じ、深さが6000メートル以上に達するものをいう。

そんな海溝のなかでも世界で一番の深さを誇るのがマリアナ海溝だ。とりわけ南西部がもっとも深く、**「チャレンジャー海淵」**と呼ばれる最深部があるのもこのエリアである。その深さはなんと**約1万920メートル**だという。

たとえば、世界最高峰のエベレストでさえ標高は8848メートルなのだから、その深さがどれほどのものか想像できるだろう。

しかも、高さを標榜できる山とは違って、海の中は条件が整っていても水深100メートル以上になると見ることが難しい。それが1万メートル以上の深さともなればなおさらだ。

マリアナ海溝・チャレンジャー海淵の海底（写真提供：時事/海洋機構）

最深部に到達できたのは3人だけ

地球の最深部であるチャレンジャー海淵は、そのあまりの深さのために、実際に到達した人は現在までに3人しかいない。

マリアナ海溝の水深の調査は日本やイギリス、アメリカ、ロシアなどによって行われてきたが、その測定方法は古くはピアノ線などを使い、やがて爆発音や超音波などの音響を利用するようになり、近年では無人探査機を使っている。

これは、深海の世界が**人体にとってあまりに危険**なために、人間は行くことができないからだ。

なぜなら水深1万メートル以上もの最深部

では、その**水圧は1平方センチメートル当たり1トン**もかかる。そんな水圧の中では人体は耐えられず、肺など空気を含んだ内臓は押し潰されてしまう。とうてい、命の保証はないのである。

仮に潜水艇で潜ったとしても、水圧に耐えきれずに部品が破損したりすれば海の藻屑と消えてしまうだろう。

たとえ慌てて浮上しようとしても、1万メートル以上も浮上するまでには数時間を要する。酸素がもたない可能性もあるのだ。

この誰も立ち入れなかった深海へ初めて人が到達したのは1960年のことだ。

潜水艇**トリエステ号**に乗り込んだアメリカのドン・ウォルシュ海軍大尉と、スイスの海洋学者ジャック・ピカールが、最深部のチャレンジャー海淵に20分間滞在することに成功したのである。

それでも、海底まで1万メートル以上を降下するには5時間弱もかかり、その途中で**水圧により窓にひびが入る**という胆を冷やすような緊急事態も起こっている。

単独潜航に成功したキャメロン監督

そして、トリエステ号の偉業から52年ぶりにチャレンジャー海淵に到達した3人目は、『タイタニック』などで知られる映画監督の**ジェームズ・キャメロン**だ。

準備に7年もの歳月を費やした末に、1人乗りの潜水艇**「ディープシーチャレンジャー号」**に乗って果敢にも死の危険をともなう海

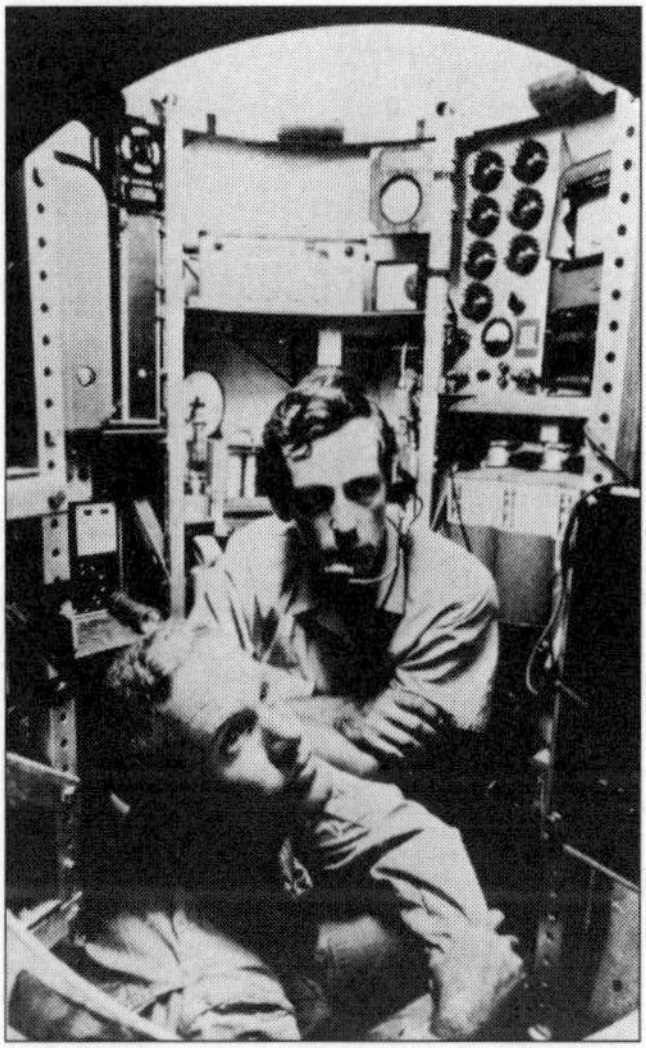

上:潜水艇トリエステ号。人間は下部の球体部分に乗り込む。
左:トリエステ号に乗り込んだウォルシュとピカール。球体の直径は約2.1メートルと小さいうえに多くの機器を積んでいたため、内部は窮屈だった。

溝に世界初の単独潜航をし、映像の撮影にも成功した。

「まるで違う惑星に行ったようだった」と語ったキャメロン監督だが、光も音もなく生命の存在すらほとんど感じられない地球の最深部で見ることができた生物は、数ミリメートルの小さなエビくらいだったという。

ディープシーチャレンジャー号は、海底に6時間滞在する予定だったが、**潜水艇の故障**のため約2時間30分の滞在となった。キャメロン監督は無事に海面に戻ってこられたが、一歩間違えれば大惨事になっていたかもしれない。

チャレンジャー海淵にたどり着ける人は、莫大な費用と、さまざまなプレッシャーや死の恐怖に打ち勝つ覚悟を持ち合わせている人だけだろう。

世界一遭難者の多い「魔の山」谷川岳

それほど高くないのに遭難者が多い

関東近郊からアクセスがいい山として、「近くてよい山」と多くの登山者から愛されるのが**谷川岳**だ。

群馬県と新潟県の県境にある日本百名山のひとつで、新緑の季節から紅葉の時期まで色鮮やかな景観を満喫でき、冬場はスキーが楽しめる。

谷川岳の尾根1500メートルにある天神平駅までは麓の駅からロープウェイを利用して登ることができることもあり、年間で約5万人もの登山者が訪れる。

山頂はふたつの峰に分かれていて、遠くからだと猫の耳のように見えることから、ひとつの峰が「トマの耳」、もう一方の高い峰が「オキの耳」と呼ばれる。

それぞれ標高は1963メートルと1977メートルで、名の知れた山の中ではそれほど高いわけではない。

しかし、谷川岳はその親しみやすさとは裏腹に、ときに登山者に恐ろしい牙を剥く。じつは、谷川岳は**遭難者の数が抜きんでて多く、世界ワースト1位**なのである。

谷川岳の一ノ倉沢。右手に見えるのが衝立岩。

遭難者は800人以上

谷川岳は、別名「魔の山」「墓標の山」「死の山」とも呼ばれている。

谷川岳の遭難事故の記録によれば、1931年から現在まで**800名以上**の死者を出している。

エベレストなど世界の標高8000メートルを超える14の山での死者の数をすべて足しても、この谷川岳での死者の数にはとうてい及ばないのだ。

標高こそ2000メートルに満たないが、谷川岳は**気象の変化がきわめて激しい山**として知られている。冬ともなれば日本海側から湿気を含んだ季節風が強く吹きつける、**日本**

屈指の豪雪地帯なのである。

5月になってほかの山々が安全に登山できる季節になっても、谷川岳では残雪が大量に残っているエリアも少なくない。

また、標高1500メートル付近からは高木が成長できない森林限界となり、**強風に直接さらされる**ことになる。

しかも、新潟県側の山腹が比較的緩やかな傾斜なのに対し、群馬県側の東側は急峻で、その岩壁は有名だ。

なかでも、**一ノ倉沢**は日本三大岩場のひとつにも数えられる大岸壁で、数多くの登山家が挑む日本を代表するロッククライミングの名所なのだ。

遭難事故で亡くなるのは、この一ノ倉沢などの急峻なルートで登頂を目指した人々が多いのである。

遺体を収容するのも一苦労

一ノ倉沢がどんなに危険な岩場であるかを目の当たりにする遭難事故が1960年に起こっている。

その事故は、一ノ倉沢の**「衝立岩」**と呼ばれるそそり立った岩壁で起こった。当時20代前半だった男性2人がこの場でスリップし、救助要請の連絡を谷川岳の警備隊にしてきた。

だが、現場に駆けつけた警備隊が目にしたのは、岩壁の上部からザイルと呼ばれるクライミング用のロープで**宙吊りになっている2人の姿**だった。しかも、双眼鏡で確認したところ2人はすでに**息を引き取っていた**。

警備隊は2人の遺体の収容を試みようとし

遭難者の慰霊碑。右手の石には遭難者の名前が書かれており、その数は増えている。（©Qurren and licensed for reuse under Creative Commons Licence）

たが、現場に近づくと二次遭難に陥る危険性が高い。

そのため最終的に取られた手段は、離れた場所からロープを銃で撃って切断し、落下した遺体を収容するという方法だった。

陸上自衛隊の狙撃部隊がライフル銃などで数百メートル先のロープを狙って銃撃したが、なかなか切断できず、最後は**岩場と接地している部分を狙撃銃で撃ってなんとか切断することができた**のである。

週末に気軽に訪れる人も多い谷川岳だが、こうした上級者向けのロッククライミングエリアはもちろん、ポピュラーな天神尾根のルートでも急な登り道が続き、天候が急激に変化することもある。

魔の山の餌食にならないためにも、軽い気持ちではけっして立ち入らないことだ。

日本に影響を及ぼす北朝鮮の火山

日本に大きな影響を与える火山

東日本大震災以来、日本のあちこちで大きな地震や火山の噴火が相次いでいるが、これはなにも国内だけの話ではない。

「もしもこの火山が噴火したら、日本も多大な被害を受けるだろう」と予測されている火山がある。それは北朝鮮の**白頭山**だ。

じつはこの山について、2014年の国会予算委員会で安倍首相が話題に出したことがある。

安倍首相は、かつて10世紀にこの山が噴火したとき、火山灰と落石で周囲に大きな被害が出たほか、日本でも約5センチの灰が積もり、農作物などに致命的な被害が出た、という歴史上の記録を引き合いに出した。そのうえで「白頭山は、今また噴火の予兆がある。もし噴火すれば日本にも多大な影響があるはずなので、今後は関連情報を集めて推移を見守りたい」といった意味のことを述べた。

国会の場で、**他国の火山について首相が発言する**というのはかなり異例のことだが、裏を返せば白頭山の存在はそれだけ大きな脅威なのだ。

白頭山（©Wang65 and licensed for reuse under Creative Commons Licence）

史上最大の大噴火だった？

10世紀の噴火について、詳細な記録は残されていない。

というのも、大陸はその頃覇権をめぐって混乱していた時期で、火山の噴火についての記録を残す余裕がなかったからだ。

しかし、この噴火は、あのポンペイを滅亡させたヴェスビオ火山の噴火よりも大規模で、もしかしたら**人類が経験した史上最大の大噴火だったかもしれない**とさえ考えられている。そんな恐ろしい火山が、日本のすぐ近くにそびえているのだ。

場所は中国と北朝鮮の国境地帯で、標高は2744メートルある。

もちろん活火山で、頂上付近には周囲が約２キロメートルもあるカルデラ湖がある。そのために北朝鮮有数の観光地となっている。また、一部の人々にとっては信仰の対象でもある。

いくつかみられる噴火の兆候

白頭山の噴火が問題視されているのは、日本だけではない。中国や韓国でも万が一に備えての防災対策が考えられているし、米国や英国の研究者がすでに白頭山に入って調査している。

その結果、いくつか噴火の兆候ではないかと思われる現象が観測されている。

まず、２００２年から05年にかけて、白頭山の地下で**マグマが地表に向かって上昇している**のが、衛星からの観測で確認されている。

それに呼応するように、頂上付近の**火山性地震の回数がそれまでの10倍に増え**、火山ガスの噴出も頻繁に見られるようになった。「いつ噴火してもおかしくない状態」なのだ。

しかしこれだけではない。過去の歴史が、さらなる危険を教えてくれる。10世紀の噴火前の８６９年に、日本で大地震が起こっているのだ。

「貞観地震」と呼ばれるこの大地震が白頭山に刺激を与え、それが大噴火につながったと考えられているのである。

これが事実ならば、２０１１年3月11日に起こった東日本大震災もまた、白頭山の噴火を引き起こしてもおかしくはない。

山の一部からは湯気が吹き出ている。（©Shizhao）

つまり、今まさに、白頭山噴火の危険がピークに達しているかもしれないのだ。

北朝鮮による対策は不明

もしも今噴火が起これば、周辺諸国への影響ははかり知れないだろう。

じつは白頭山の北西方向約100キロメートルの地点には、建設中の原子力発電所がある。しかし噴火や地震に対する対策がなされているのか、はっきりしたことはわからない。

北朝鮮はもともと立ち入りがほぼできない国だが、その国では、立ち入らなくとも被害をまぬがれない、やっかいな火山が活動しているのだ。

6章
歴史的な逸話を持つ禁止エリア

学者も入れない仁徳天皇陵

世界最大規模の陵墓

仁徳天皇陵は大阪府堺市にある。敷地の隣を走る通りから見ればただの森にしか見えないが、空中から見ればそれが巨大な**前方後円墳**であることははっきりわかる。

濠は三重構造になっており、その大きさは全長約486メートルにも及ぶ。国内はもちろん、**世界の陵墓の中でも最大規模**だ。

被葬者である**仁徳天皇**は第16代の天皇で、正確な生誕年などは不明だが、即位したのは4世紀頃とみられている。

日本書紀によれば、陵墓は4世紀後半から工事が始まり、仁徳天皇が没した世紀末頃に埋葬され完成した。

一方、過去に行われた調査では陵墓の造営は5世紀中頃という説が有力で、遺構からは須恵器《すえき》の甕《かめ》のほかに甲冑や壺などが出土している。

史実と出土品の微妙な時代のズレからもわかるように、ここには**多くの謎が秘められているのだ**。

学者の中には被葬者が果たして仁徳天皇な

仁徳天皇陵（写真：国土情報ウェブマッピングシステム / 国土交通省）

のかどうかという根本的な疑問を抱いている者も少なくない。

だが現在、追加の調査を行うのは不可能な状態だ。というのも、仁徳天皇陵は「百舌鳥《もず》耳原中陵《みみはらのなかのみささぎ》」の名で宮内庁が厳重に管理しており、**一般人はもちろん学者などの立ち入りもいっさいが禁じられている**のだ。

もちろん、被葬者が天皇で聖域だからというのが最たる理由だが、それゆえに陵墓に関する新たな事実はまったく明かされていないというわけだ。

立入禁止になるのは明治に入ってから

仁徳天皇陵の周辺には陪塚《ばいちょう》と呼ばれる小型

の古墳が10基あり、一大古墳群を成している。

約3キロメートルある周囲は遊歩道が整備され、そこを自由に歩いたり、柵の間から中を見ることもできるが、周囲に警備員が置かれているなどやはりどこかものものしい雰囲気があるのは否めない。

だが、江戸時代はもう少し自由だったようで、古墳そのものがお花見の名所だったとも伝えられている。また、濠は貯水池代わりに使われていたこともあるらしい。

それが江戸中期になると後円部の勤番所を移されたり、天皇を葬ったとみられる後円部に石の柵が設けられたりと、陵内の整備が進められた。

本格的に立入禁止になったのは明治時代に入ってからで、それが現在も続いているというわけである。

今後調査が進むかもしれない？

ところが、そんな立入禁止の古墳に不法侵入する者がいる。それは**釣り目当ての一般の人**たちだ。

じつは墳墓の濠には、かなり前に外来種のブラックバスやブルーギルが何者かによって放されている。

それが口コミで広まり、絶好の釣りスポットと化してしまったのだ。

古墳の周辺は高さ2メートルほどの柵で取り囲まれているのだが、それを乗り越える者が後を絶たず、宮内庁を悩ませているのである。

過去には釣り人が持ち込んだランプが雑草

仁徳天皇陵の外堀

に燃え移り、あやうく大火事を起こしそうになったり、また10年ほど前には**誤って濠に転落した釣り人が命を落とす**という不幸な事件も起きた。

もちろん、こうした行為は**不法侵入**となり見つかれば罰せられる可能性もある。

だが、ここへ来て風向きがやや変わってきた。というのも、2015年末に大阪府が仁徳天皇陵の世界遺産登録を目指して動き始めたからである。

世界遺産ともなれば、不法侵入者の取り締まりも厳しくなるだろうし、さらなる学術調査によってこれまで秘密のベールに閉ざされていた内部の様子が明らかにされる可能性も出てきた。

100年以上続いた立入禁止の命が解かれる日もそう遠くはないかもしれない。

「アーク」が安置されている教会

失われたアークがある場所？

ハリソン・フォードが主演して大人気を博した映画『レイダース 失われたアーク《聖櫃》』で、主役の考古学者インディ・ジョーンズが探し求めるのが**アーク**である。

アークとは「契約の箱」とも呼ばれるもので、**「十戒」**が刻まれた石板が収められているとされる箱だ。

十戒は旧約聖書の『出エジプト記』でモーセがシナイ山にて神から授かった10の戒律で、「私のほかに神があってはならない」や「殺してはならない」などの掟が2枚の石板に刻まれている。

アークは神の指示によってアカシアの木で作られ、縦が約130センチメートル、横と高さが約80センチメートルで、箱の内側も外側も純金で覆われているとされる。

箱の上部には純金の2体の天使が乗せられており、下部には棒が取り付けられていて、担いで持ち運びができるようになっている。

かつては聖地エルサレムのソロモン王の宮殿にあったといわれるアークだが、あるときから忽然《こつぜん》と姿を消し、「失われたアーク」と呼

シオンの聖マリア教会。右手にある礼拝堂にアークがあるといわれる。

ばれるようになった。

ところが、この行方不明のはずのアークが大切に保管されているという場所がある。それが、エチオピアのアクスムにある**シオンの聖マリア教会**だ。

世界中が血眼《ちまなこ》になって探す伝説のアークが、本当にこの教会に存在するのだろうか。

男性聖職者以外はいっさい入れない

シオンの聖マリア教会は、333～349年頃に建てられたといわれる。

エチオピアの国教はこの頃からキリスト教で、シオンの聖マリア教会はエチオピアにとって重要な教会のひとつになっている。

教会には前庭があり、その後ろに礼拝堂があるが、建てられた当時から**女人禁制**で今でも女性は立ち入ることができない。**男性であっても限られた聖職者しか入ることが許されず**、その内部に失われたアークがあるのかは謎のベールに包まれている。

年に一度、「ティムカット」というお祭りのときには豪華な衣裳をまとった司祭がアークを担いで街中へ出るが、じつはティムカットでお披露目されるアークはレプリカで本物のアークではないのだ。

超常的なパワーを持っている?

しかし、シオンの聖マリア教会に実際に立ち入ることができないにもかかわらず、エチオピアの人々はこの教会にアークが安置されていると信じて疑わない。

それは、エチオピアの初代王メネリク1世がシバの女王と古代イスラエルの王ソロモンとの間にできた子どもだといわれているからだ。

シバの女王は、紀元前10世紀頃にエチオピアやイエメン一帯を治めていたシバ王国の支配者とされ、『旧約聖書』にも登場する。

エチオピアの歴史書『ケブラ・ナガスト』によれば、メネリク1世はエルサレムからエチオピアへ渡って現在のアクスムを中心とする場所に国を興《おこ》したが、その際に父であるソロモン王からアークを授かってエチオピアへ運んだとされている。

紀元前5世紀から紀元10世紀頃に、この地

教会に置かれているアークのレプリカ（©A. Davey）

で栄えたアクスム王国の王もみずからをメネリク1世の子孫だと主張していて、シオンの聖マリア教会にアークが存在する根拠のひとつとなっている。

とはいえ、シオンの聖マリア教会にアークが存在するのか、もし存在するとしたらそれは本物なのか、その真偽は教会の内部に入らない限り定かにはならない。

いずれにしろ、神から授かった十戒が収められるアークには**底知れない超常的なパワーが宿っている**といわれている。

うかつに触った者は神の怒りを受けて命を落としたとも伝えられ、聖職者でもない一般の観光客が気軽に見学できるような代物《しろもの》ではないのだ。もし、観光でアクスムを訪れたとしても教会の外側から歴史的遺物に思いをはせるのが無難だろう。

バッキンガム宮殿内の「女王の寝室」

閉ざされた宮殿

豪華絢爛な調度品に囲まれた部屋に通され、時計を気にしながら誰かを待っている007ことジェームズ・ボンド。

その視線の先には、美しく着飾った1人の女性が机に向かい書類に目を通している。

ボンドは軽く咳払いをして彼女に出発をうながす。そうして振り返ったのは――、2016年2月で在位満64年を迎えたイギリス国王、**エリザベス女王**その人である。

これは、2012年のロンドンオリンピック開会式で流された特別映像だ。

エリザベス女王とスパイ映画でおなじみのヒーロー、ジェームズ・ボンドの夢の共演は地元イギリスはもとより世界中で話題となった。

しかも驚くべきことに、**この映像は実際に女王のプライベートルームで撮影されていた**ことが明らかにされた。

王室関係者以外は誰も目にすることができなかった、バッキンガム宮殿の禁断の場所に撮影チームは足を踏み入れたのである。

バッキンガム宮殿は女王のロンドンでの公

オリンピックのために共演したエリザベス女王とジェームズ・ボンド役のダニエル・クレイグ（写真提供：AFP＝時事）

邸だ。女王の実務が執り行われている場所であり、同時にイギリス王室が海外からゲストを迎えたときの迎賓館としても使われる建物でもある。

約1万坪の敷地を誇る宮殿には美術館や図書館、接見室など775もの部屋があり、その中は迷宮のようにレッドカーペットが敷かれた通路が張り巡らされている。

関係者やゲスト用に52の寝室と70以上のバスルームが用意されていて、450人いるというスタッフでも管理が行き届くのか心配になるほどだ。

夏季限定で宮殿の一部が一般公開されているものの、オリンピックでもなければ映画の撮影など許されるはずもない。

常に**厳重な警備体制**が敷かれた、一般社会には閉ざされた空間なのだ。

もとは質素な建物だった

今でこそロンドンの名所となっているバッキンガム宮殿だが、かつてこの場所には桑畑が広がっていたというからにわかには信じがたい。

現在の宮殿は１７０５年にバッキンガム公が建てたバッキンガム・ハウスと呼ばれる質素な建物が原型になっている。

その後宮殿として整備され、１８３７年にビクトリア女王が移り住んで以来王宮として使われるようになった。

宮殿は3階建てで、上から見るとほぼ「ロ」の字型に配置された建物が中庭をぐるりと取り囲んでいる。

ロイヤルファミリーが姿を現すことでおなじみのバルコニーは、建物東の正面入り口側にある。ありし日のダイアナ元妃も手を振った場所だ。

女王の寝室にしのびこんだ男

じつはこのバッキンガム宮殿は、かつては**内部への侵入事件が後を絶たなかった**。なかでも有名なのが１９８２年7月の珍事件である。

この日の早朝、マイケル・ファーガンという男が宮殿のテラスの支柱をよじ登った。そうして音も立てずに女王の寝室に忍び込むと、不気味なことに**何をするでもなく彼女の寝顔**

DAILY Mirror

Wednesday, July 14, 1982 16p

HAUNTED EYES OF THE PALACE INTRUDER

By JOHN JACKSON

TORIES IN DOLE REVOLT

JIMMY HILL LEADS SOCCER MERCENARIES

See Back Page

Photo album of the Fagan family

左:バッキンガム宮殿を守る衛兵（©gadgetdude）　右:事件を報道するデイリーミラー紙

をしばらく眺めていたという。

朝7時を過ぎて目を覚ました女王は、不意の侵入者を前にしても冷静に対応し、何と男と世間話までした。時間にしておよそ10分の〝非公式な謁見〟だった。

その後、女王は機転を利かせて部屋の外に出ることに成功し、男は駆け付けたセキュリティーの御用となった。

やがて男が**寝室侵入事件の直前も宮殿へ侵入し、仮釈放中だった**ことが明らかになった。スタッフルームでワインを盗み飲みしているところを捕らえられていたという大胆不敵さだった。

エリザベス女王が危害を加えられなかったのは幸いだったが、それ以降、セキュリティーがさらに厳しくなったのはいうまでもなく、宮殿内部への侵入事件は報じられていない。

場所さえ不明のチンギス・カンの墓

自分の死を隠すよう命じていた

世界には墓にまつわるミステリーがいくつか存在するが、チンギス・カンもそのひとつである。

チンギス・カンといえば、世界にその名を馳せたモンゴルの歴史的人物だ。

13世紀に成立し、最盛期には中国やロシアの一部までをも治めたモンゴル帝国の創始者で、今でも母国では他に並ぶ者のない英雄として敬われている。

首都のウランバートルをはじめ、国内にはチンギス・カンの像や碑がたくさん建っているが、陵墓は見当たらない。というより、今の今まで所在不明なのだ。

これはモンゴルのみならず、世界最大のミステリーのひとつといわれている。

墓の場所が不明なのは、チンギス・カンが生前から**「死後、自分の墓の存在は誰にも知られぬよう隠しなさい」**と側近に命じていたからだ。

エジプトのピラミッドではないが、古来、身分のある者の陵墓は無残に暴かれて、永遠の眠りを妨げられるのが常だった。

モンゴルにある巨大なチンギス・カン像（hecke61/Shutterstock.com）

そうした墓泥棒を一歩も立ち入らせまいと、チンギス・カンはみずからの墓をトップシークレットにしたままこの世を去ったのである。

墓の場所はわからなくなった

チンギス・カンが死んだのは1227年のことだ。

同年、チンギス・カンは中国北西部の西夏を手中に収めるための遠征を行っており、その最中に65歳で命を落としたのだ。

死因は病死説や暗殺説などいくつかあり、はっきりとわかっていないが、最期の地は西夏にある六盤山《りくばんさん》の山麓といわれている。

遺体は極秘でモンゴルへと戻されたが、そ

の行列を見た者は容赦なく殺されたという。

そして、ついにその死が国民に明らかにされ、国を挙げての葬儀が終わるといよいよ埋葬に移った。

モンゴルの墓はそもそも一目で墓とわかるような目立つ造りになっていない。極端な言い方をすると、草原に穴を開けて棺を入れ、土を覆いかぶせるだけである。

とはいえ、モンゴルの歴史が書かれた書物『黒韃《こくだつ》事略《じりゃく》』には「チンギス・カンの墓は周囲17キロメートルにもおよび、矢がついた垣根と**兵士が厳重な警備を行う大禁区**」と書かれており、庶民のものよりは豪華だったようだ。

しかしこの書でも、やはり肝心の場所に関しては明らかにされていない。

別の歴史書『集《しゅう》史《し》』では「生前、生まれ故郷に近い丘の大樹を墓と定めた」と書かれており、死後はそこに埋葬されたが目印などは何もなく、いつしかそこが彼の墓だと知る者はいなくなったとされているのだ。

中国にある謎の遺跡

ところで２０１５年の7月、ウランバートルから東に約２５０キロメートル離れた中国の内モンゴル自治区のオルドスで、**外国人20人が拘束される事件が起こった。**

彼らは歴史愛好家でモンゴルの歴史をめぐるツアーの最中だった。容疑は「ホテルでテロに関するビデオを観ていた」というものだったが、実際はチンギス・カンの霊廟がある**「アウラガ遺跡」**を見学しようとして、そのドキュ

チンギス・カンの霊廟とされるアウラガ遺跡（写真提供:時事/日本モンゴル合同調査団）

メンタリー映像を観ていたのを誤解されたものとみられている。

じつは13世紀、チンギス一族は帝国の精神的な拠り所を作ろうと英雄・チンギス・カンが住んでいた宮廷を霊廟にした。それが現在の「アウラガ遺跡」なのである。

モンゴルの英雄の墓かもしれない遺跡が、独立論争も巻き起こる中国の内モンゴル自治区にあるとあって、中国はこの地の管理に神経をとがらせている。

先の外国人の拘束もこの影響によるものだが、いずれにせよ、**遺体が埋葬された場所かどうかは断定されていない**。

チンギス・カンの墓の場所は、歴史書では「起輦谷《きれんこく》」と記されている。それはいったいどこなのか。真相解明にはもう少し時間がかかりそうだ。

先住民族の案内がないと入れない遺跡

ミャンマーの知られざる仏教遺跡

第一の都市であるヤンゴンまでは日本からの直行便で8時間あまり。インドシナ半島の西部に位置するミャンマーは、映画『ビルマの竪琴《たてごと》』でも知られるように、以前はビルマとも呼ばれていた国だ。

正式名称はミャンマー連邦共和国で、近年では治安もよくなり、見どころも豊富とあって世界中の旅行者から徐々に注目されるようになった。

日本の旅行代理店でもミャンマー行きのツアーがしばしば組まれている。

そんなミャンマーといえば、旅行好きならまっ先に「バガン遺跡」の名前を思い浮かべるかもしれない。

広大な平野に無数の仏塔や寺院がそびえ、そこにはまるでテレビゲームの世界のような世界が広がる。世界三大仏教遺跡のひとつとして知られる世界的にもメジャーな観光地だ。

と、ここまでは一般のガイドブックでも読むことができる。

しかしミャンマーには、**ほんの10年ほど前まで外国人が立ち入ることのできなかった**

カックー遺跡

もうひとつの仏教遺跡群が存在する。それが**「カックー遺跡」**だ。

12世紀から始まった仏塔の寄進

ミャンマー中部、標高1000メートルを超えるシャン高原には青く澄んだインレー湖が広がる。

そこからさらに2時間ほど車で山中の悪路を走ると、ようやく幻の遺跡といわれるカックー遺跡が姿を現す。

その正体は、人ひとりが歩くのがやっとというほどの間隔で密集して建てられた**大量の仏塔群**だ。

1キロメートル四方ほどの敷地に**2500**

もの仏塔が立ち並ぶ光景に訪れた人はみな圧倒されるという。

そのうえ仏塔の一つひとつに精巧な細工が施されており、中にはブッダの像が収められている。

これらの仏塔は、12世紀にこの地を支配していた王が住民にひとつずつ仏塔を寄進するように命じたのが始まりといわれていて、なかには700年以上の時を経て樹木に覆われたものもあるほどだ。

仏塔群のかたわらには池があり、その青い水面に映り込んだ仏塔の美しさはまるでこの世のものとは思えない。カックー遺跡の中でも特に人気の撮影スポットだ。

ちなみに、この仏塔はストゥーパと呼ばれ、日本で故人の供養のために墓に立てられる卒塔婆《そとば》の語源になったとされている。

今もパオ族のガイドなしには入れない

このカックー遺跡が700年もの間外界から閉ざされていた理由は、ここが**地元パオ族の聖地**だからだという。

そのため、2000年まで外国人にはいっさい解放されることなく、仏教遺跡といってもバガン遺跡のように観光地になることはなかったのだ。

最近でこそ旅行会社のツアーが立ち寄るようになったが、パオ族にとっては聖地であることにもちろん変わりはない。

現在でも**民族衣装に身を包んだパオ族のガイドを同行しない限り立ち入ることはできない禁断の地**なのだ。もちろん、そのルールは

善と悪を象徴した彫像（mname/Shutterstock.com）

絶対に破ってはならない。

さほど広くはない遺跡群なのだから、間違ってもここで道に迷うことはないはずだが、それでもガイドを雇わなくてはならないのはなぜなのだろうか。

たとえその理由をパオ族の面々に尋ねたところで、**先祖代々崇めてきた聖地**について彼らが多くを語ることはないだろう。

本来ならこの場所に入ることのできない旅行者を、彼らは目に見えない何かから守ってくれているのだろうか。

カックー遺跡の仏塔の上部には鉄製の風鈴のようなものが取り付けられていて、風が吹くとそれはいっせいにシャランシャランと神秘的な音を立てる。数百年の時を越えて鳴り響いてきたこの音は、人々に何かを伝えようとしているのかもしれない。

「痛い」ベジタリアンフェスティバル

菜食によって病気が治ったという伝説

ベジタリアンと聞けば、健康的な印象を抱くが、その概念を根本から覆すような祭りがある。それが、**タイの伝統行事ベジタリアンフェスティバル**だ。

太陽暦9月の9日間、菜食を誓った人々が地元の中国寺院でさまざまな儀式を行うのだが、彼らのいでたちには目を疑う。

祭りの中で行われるパレードの際、白装束に身を包んだ彼らは体のいたるところに刃物や鉄の棒を突き刺し、火のついた炭の上を歩くといった〝苦行〟を行うのだ。

そんなベジタリアンフェスティバルの起源は、1825年頃までさかのぼる。

当時のタイでは、中国から移住してくる出稼ぎ労働者が多かった。あるとき、中国人労働者のために公演に来ていた京劇の劇団員が病に倒れてしまった。原因不明の病だったのだが、**神に祈り厳格な菜食を貫いたことで病気を治すことができたのだという。**

ベジタリアンフェスティバルはこの言い伝えから始まり、中国系の人たちの間で受け継がれてきた幸運と平安を祈る儀式なのである。

フェスティバルに参加するマーソンたち（©Kirill Kay and licensed for reuse under Creative Commons Licence）

棒やパイプを体に突き通す

期間中はタイの全土でベジタリアンフェスティバルが行われるのだが、もっとも大規模に行われるのが観光の中心地でもあるプーケットだ。

レストランやスーパーでは、ベジタリアンのメニューを提供し、ジェー（菜食）と書かれた黄色い旗を立てて目印にする。

この祭りの盛り上がりが最高潮に達するのは、期間中に行われる信者たちのパレードだ。「マーソン」と呼ばれる信者たちは、**考え得る限りの痛々しい様子で街中を練り歩く**。

頬に太い鉄の棒を突き刺す、下唇にパイプを通す、鉄の鎖を頬から垂らす、腕に針を無

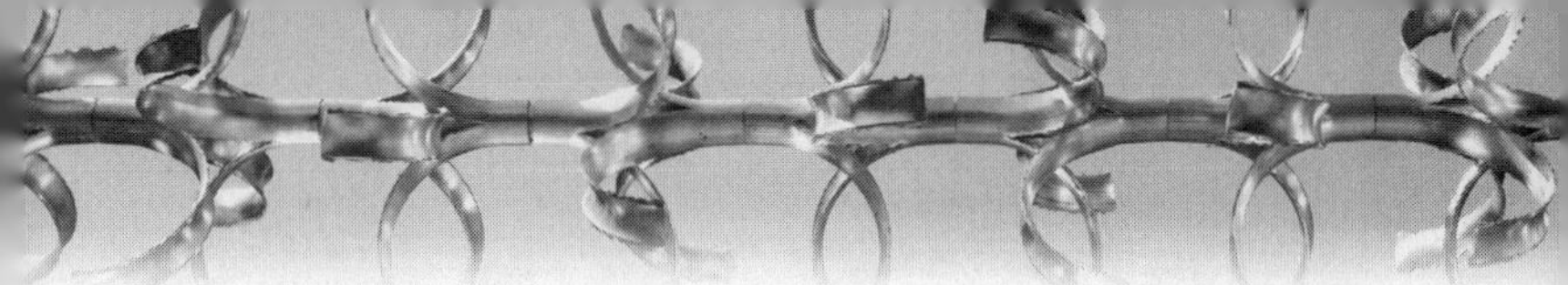

数に突き刺す、舌に斧を突き立てるなどの光景を間近で見て気分が悪くなる観光客も多いという。

彼らはその姿で、**火のついた炭の上を歩いたり、刃のハシゴを登るなどの苦行を行う。**

信者たちはトランス状態にあるため、痛みは感じていないとされているが、実際は刀や棒などを突き刺す前に麻酔を行っている人が多いのだという。

さらに、パレードには「魔を払うため」の爆竹が大量に投げ込まれる。立ち上る煙と轟音で、目がくらみ耳もつんざかれるほどだ。

観光ツアーも組まれているため、一般の人も祭りの見学は可能なのだが、あまりにも過激な様子から、大人から子どもまで誰にでもおすすめの観光スポットというわけにはいかないだろう。

参加者が守る10ヵ条の約束

パレードに参加するマーソンは、地元の信者が家族代々受け継いでいる**「神に選ばれた者」**だ。

さらに、「身体を清く保つ」「祭りに参加していない人とは台所や調理器具を分ける」「白い服を着る」「身体と精神を健全に保つ」「肉食を禁じる」「性行為を禁じる」「飲酒を禁じる」「喪中の者は参加できない」「妊娠中の女性は祭りを見てはいけない」「月経中の女性は祭りに参加できない」という**10ヵ条を守らなければならない**。

見学は可能だが、祭り自体は部外者厳禁の過激きわまりないものなのである。

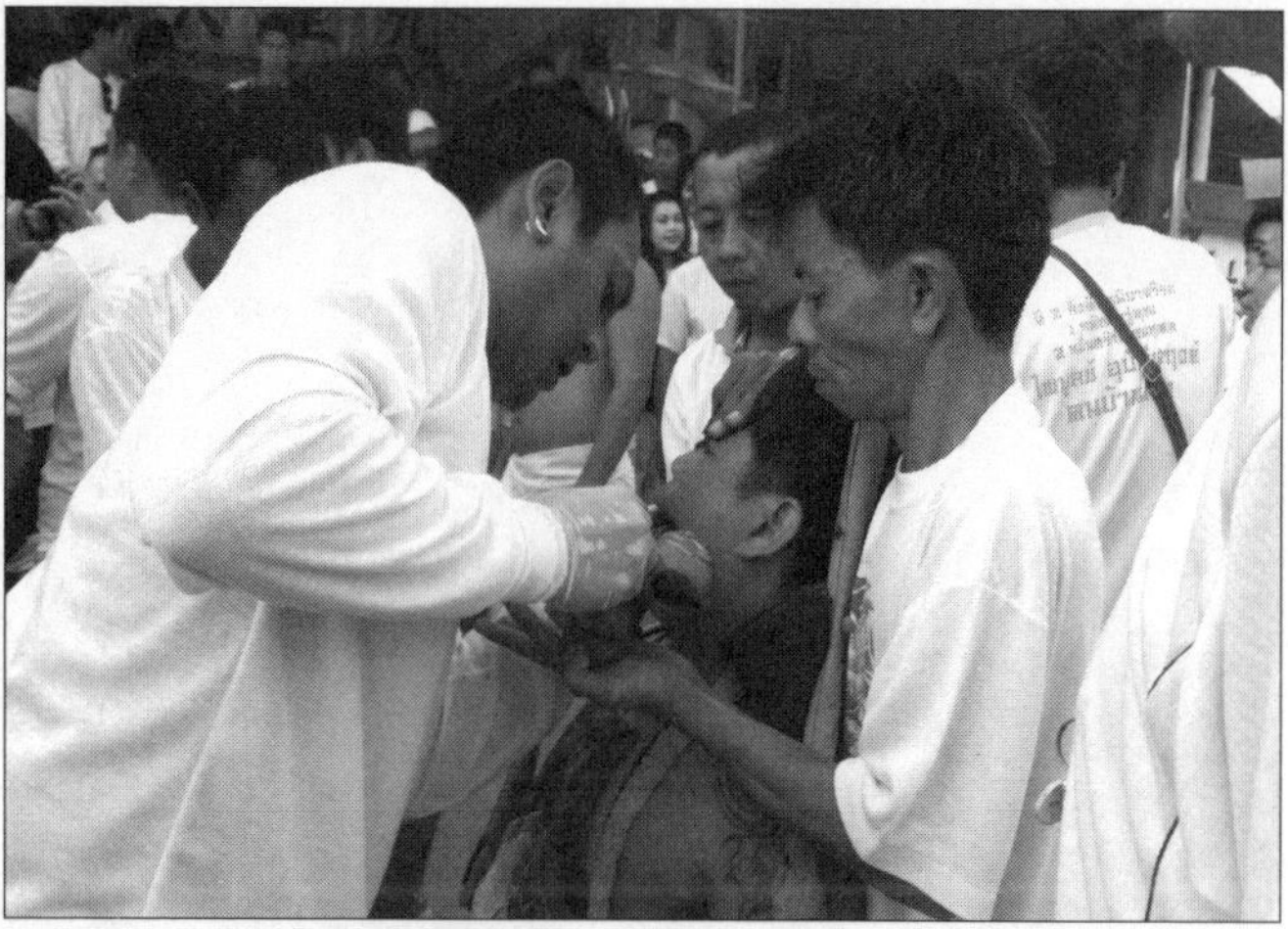

フェスティバルの準備には医療スタッフが関わっている。（©Kirill Kay and licensed for reuse under Creative Commons Licence）

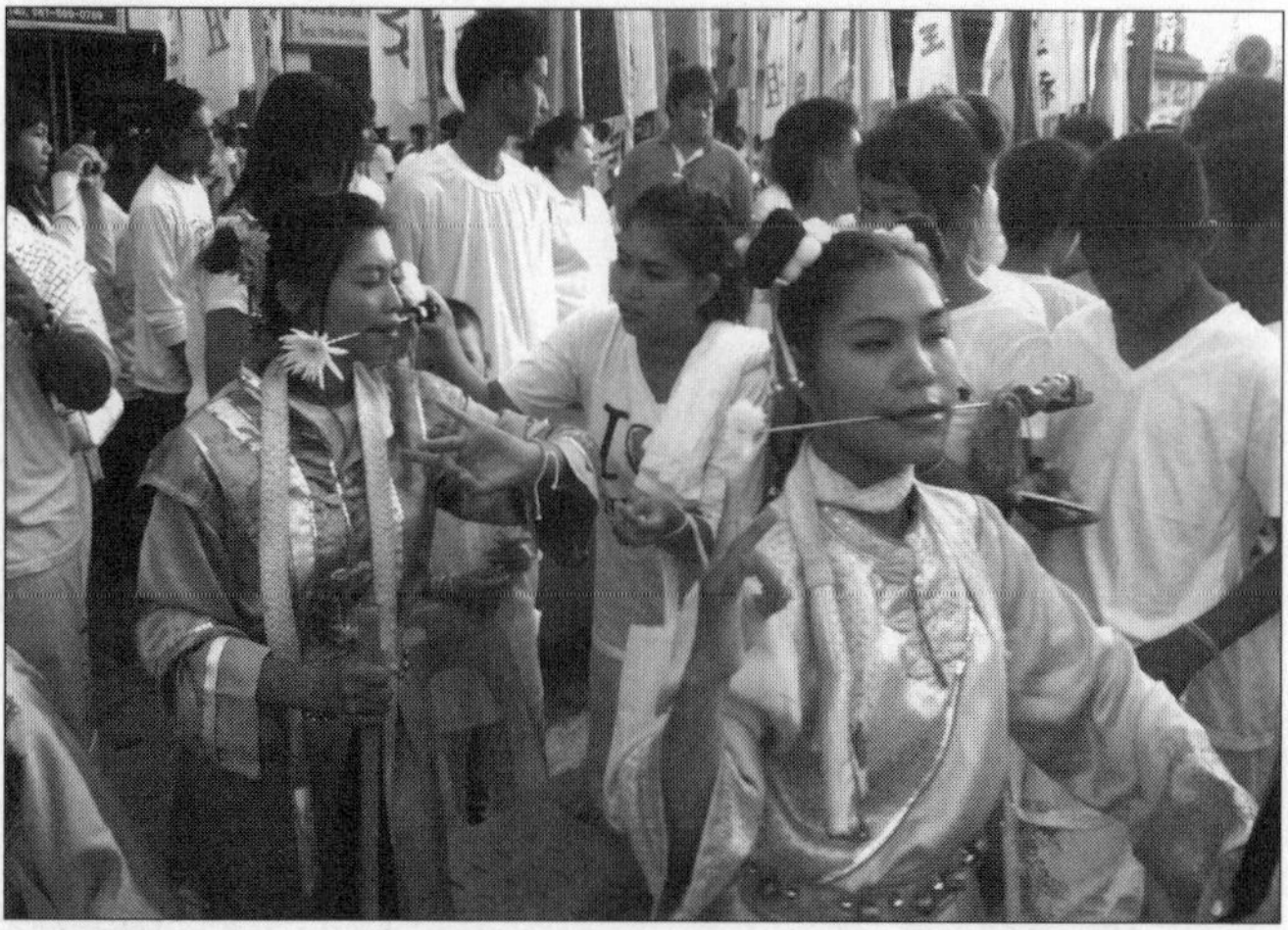

一見すると花かざりを口にくわえているように見えるが、じつは頬にあけた穴に通している。（©Kirill Kay and licensed for reuse under Creative Commons Licence）

インドの寺院の地下に眠る「超兵器」

隠されていた２００億ドルの財宝

テクノロジーの進歩により歴史的な遺構や遺物の調査や発掘は格段に進んだ。

その一方で、21世紀になった今でさえミステリアスな**「開かずの扉」**は世界のあちこちに残っている。

２０１１年の夏、インドにあるヒンドゥー教寺院の**地下の隠し部屋から、大量の金貨や宝石などが見つかった。**寺院側の発表によると、その価値は２００億ドル（当時のレートで約１兆６０００億円以上）にのぼるという。

このニュースは日本のメディアでも取り上げられたが、話にはまだ続きがあった。

じつは、地下にはまだ閉ざされたままの部屋が２つあり、そこには古代から伝わる**〝神々の乗り物〟と呼ばれる恐ろしい兵器**が収められているというのだ。

ヒンズー教徒以外は入れない寺院

騒動の舞台になったのは、インド南西部ケ

スリー・パドマナーバスワーミ寺院（©Aravind Sivaraj and licensed for reuse under Creative Commons Licence）

ララ州にあるトリヴァンドラムという町だ。

国際線も発着する有数の都市で、特に郊外にあるコヴァラムビーチは高級リゾートとして人気を集めている。

町の中心地にあるのが16世紀に建てられた**スリー・パドマナーバスワーミ寺院**で、まるで砦のようにそびえる門塔は町のシンボルにもなっている。

人口のおよそ8割がヒンドゥー教徒のインドにあって、ここも**ヒンドゥー教徒以外は中に入ることはできない厳格な場所**である。

町のいたるところから門塔こそ見ることはできるが、多くの観光客は寺院を外から眺めるだけだ。

この寺院の地下に**150年間閉ざされたままだった地下室**が複数あり、そのうちの4部屋に大量の財宝が眠っていたというのだ。

一部は写真が公開されているが、光り輝く古代の金貨にエメラルドやルビー、ダイヤモンドがほどこされた装飾品……と、まさに**絵に描いたような財宝ばかり**だ。

これらは17世紀に進出し、瞬く間に一大海商企業となった東インド会社の貿易商たちが寺院に寄進したものではないかといわれている。

なかでも目を引くのが大蛇に横たわる神をかたどった金の像で、その重さは30キログラムを超えるという。当時でも高価なものだったに違いない。

スリー・パドマナーバスワーミ寺院にはまたヒンドゥー教の最高神の1人、ヴィシュヌが祀られていて、その像もヴィシュヌの姿を再現した精巧なものだ。

ヴィシュヌは、千の頭を持つ大蛇アナンタに横たわり瞑想するといわれており、像でもその姿を見ることができる。

時空を越える力を持つ兵器がある?

また、もうひとつ気になるのが、まだ閉ざされたままの2つの地下室のことだ。

そこには今回見つかった宝以上の財宝が眠っているとも、**古代インドの超兵器ヴィマナ**があるともささやかれている。

古代インドの二大叙事詩『ラーマーヤナ』と『マハーバーラタ』のいずれにも登場するヴィマナは、〝神の乗り物〟とか〝空飛ぶ車〟と呼ばれる飛行物体だ。円盤や飛行船のような形状をしたものや、釣り鐘型のものなどさ

右:『ラーマーヤナ』の主人公ラーマがヒロインのシータとヴィマナに乗る様子
左:寺院の地下から出てきた財宝の一部（Srirangam Photos（http://srirangaminfo.com/srirangamphotos/）より引用）

まざまな形があると伝わり、インドの神々はこれに乗って戦いを繰り広げたという。

レーダー探知機や高熱を放射できる武器を備え、さらにヴィマナについて詳しい奇書『ヴィマーニカ・シャーストラ』には他の世界に行けるもの、という一節さえある。つまり、**時空を越える力もあった**とも考えられているのだ。

歴史的にまったくそぐわない高度な技術から、ヴィマナはオーパーツとして研究が進んでいる。その正体が明らかになる日もそう遠くはないのかもしれない。

財宝発見後、寺院は警察により**24時間体制の厳重な警備**が行われているという。

文字通り立入禁止となったこの寺院の地下室に、さらなる財宝が、そして幻の超古代兵器が今も眠り続けているのかもしれない。

月面に作られつつある立入禁止地帯

アポロの歴史的瞬間

人類が初めて月に降り立ったのは1969年で、すでに半世紀近く前の出来事になる。

「この一歩は一人の人間にとっては小さな一歩だが、人類にとっては大きな飛躍だ」という有名な言葉は、**アポロ11号**の船長だったアームストロング氏が残したセリフだ。

アポロ計画によって、宇宙飛行士たちは1969～72年の間に6回ほど月への着陸に成功した。

以後も技術は目覚ましく進歩し、今では宇宙飛行士が国際宇宙ステーションに長期滞在する時代となった。しかし、アポロ17号を最後に月面を踏みしめた者はいない。

その後、月はすっかり忘れられた存在になったかと思いきや、2011年にNASA（アメリカ航空宇宙局）が驚くべき発表をした。**月に立入禁止エリアを作ることを検討している**というのだ。

対象になるのは宇宙船が着陸した地点で、特に最初のアポロ11号と最後となった**アポロ17号の着陸地点**が重視されている。

これらのポイントは**歴史的遺産**であり、立

月面に立てられたアメリカ国旗。この地点の周囲が立入禁止になるかもしれない。（©methodshop .com and licensed for reuse under Creative Commons Licence）

ち入りを禁止して保護すべきだとＮＡＳＡは主張するのである。

アポロの着陸地点は歴史的遺産？

アポロ11号と17号については、エリアの指定もかなり厳しい。

乗組員が活動した範囲を含む半径75メートル（11号）と半径２２５メートル（17号）を立入禁止にするほか、**着陸地点から半径２キロメートル以内は上空の飛行まで禁止**だ。

それにしてもなぜ今頃になって、ＮＡＳＡはこんなことを言い出したのだろうか。

じつは、アメリカは月への有人探査を中止したものの、中国やインド、あるいは民間では探査計画が進んでいる。それがNASAの懸念をあおったようだ。

月にはアポロの宇宙飛行士たちが使った月面探査車や離着陸用の台座など、大型の機械類が残されたままになっている。そうした**歴史的・科学的に貴重な遺産が壊されたり汚染されたりして失われてしまうことを恐れている**のだ。

したがって、たとえ研究が目的であったとしても事前にNASAの許可を得ていない限り、月面に残されたものへの接触を禁じるとしたのである。

大型機器はもちろん、ここには衣類や食料、排泄物に至るまで、すべてが含まれるという。

NASAによれば、この方針に法的な拘束力はないというが、**厳重警戒の立入禁止エリア**だといえるだろう。

本当の目的は月面着陸の偽装？

NASAは、あくまでもアメリカの財産を保護することが目的だという。

しかし、本当の理由は別にあるのではないかと疑う声も上がっている。月には重大な秘密が隠されていて、それを暴かれては困るからだというのだ。

その説によると、NASAが必死に隠したがる秘密とは、**月面着陸の偽装**である。

アポロは月へ行っていないという説は以前からあったが、立入禁止エリアの設置をきっかけに再浮上してきた。

月面着陸の写真についてはおかしな点が指摘されている。例をあげてみると、「風がない

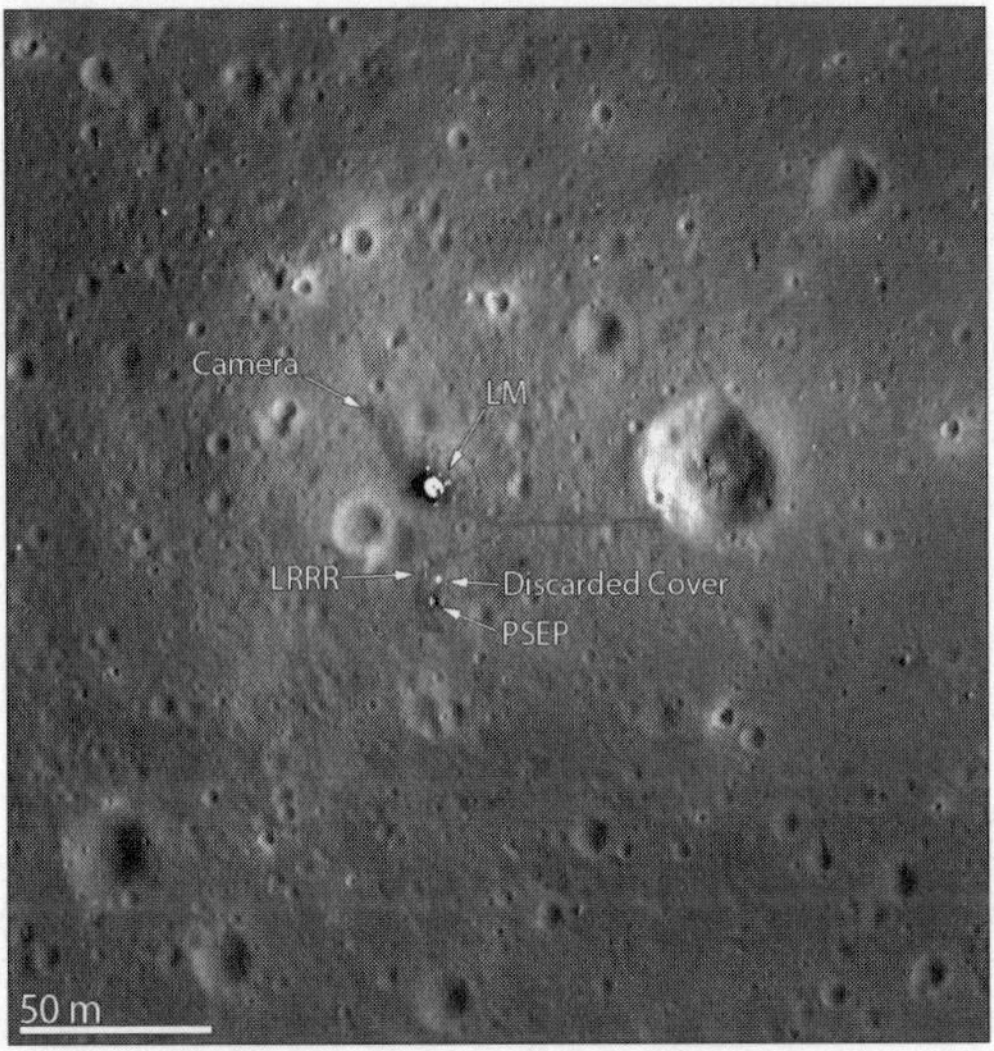

アメリカの月周回無人衛星が撮影したアポロ11号の着陸地点とされる画像。（NASA作製）着陸地点のデータは「Google Moon」でも見ることができる。

はずの月でアメリカ国旗がはためいている」「周囲の宇宙空間に星が写っていない」「光源は太陽だけなのに、月面にできた影の方向がバラバラ」などだ。もちろん確たる証拠とはいえないのだが、スタジオで撮影したことで生じた矛盾だと主張する人々もいる。

誰かが月に降り立ったらNASAのでっち上げがバレてしまう。そこで、着陸地点を立入禁止にして、**捏造の事実を隠そうとしているのではないかと疑われている**わけだ。

宇宙に関する唯一の国際ルールは、国連が定めた**宇宙条約**である。その67条では、月を含めたすべての宇宙空間で、あらゆる国が平等で自由に活動できる権利を認めている。

ただ、細かいルールが決められているわけではない。今後、地球以外の惑星がどのように扱われるのかはわからないのだ。

【参考文献】

『見えないアジアを歩く』見えないアジアを歩く編集委員会編著／三一書房、『世界の辺境案内』蔵前仁一、金子貴一、鎌倉文也、山本高樹ほか／洋泉社、『世界の立入厳禁地帯』別冊宝島編集部編著／宝島社、『絶対に行けない世界の非公開区域99』ダニエル・スミス著／小野智子、片山美佳子訳／日経ナショナルジオグラフィック社、『死を運ぶ風―ボパール化学大災害』ダン・カーズマン著、松岡信夫訳／亜紀書房、『世界の環境問題―第7巻中国―』川名英之／緑風出版、『中国汚染「公害大陸」の環境報告』相川泰／ソフトバンククリエイティブ、『「猛毒大国」中国を行く』鈴木譲仁／新潮社、『岩波科学ライブラリー141　地球・環境・人間Ⅱ』石弘之／岩波書店、『行ってはいけない！　危険な絶景』竹書房、『自衛隊の秘密がズバリ！わかる本』社会情報リサーチ班編／河出書房新社、『自衛隊裏物語』後藤一信／バジリコ、『マップルマガジン 知床・阿寒 網走・釧路湿原』旺文社、『自然ガイド 知床』宇仁義和／北海道新聞社、『土木遺産―世紀を越えて生きる叡智の結晶 日本編2』一般社団法人 建設コンサルタンツ協会／ダイヤモンド社、『100の知識（第4期）北極と南極』スティーブ・パーカー／文研出版、『聖山アトス―ビザンチンの誘惑―』川又一英／新潮社、『地球の歩き方E09東アフリカ 2012～2013年版』ダイヤモンド・ビッグ社、『改訂 軍事ORの理論』飯田耕司／三恵社、『世界の廃墟』佐藤健寿監修／飛鳥新社、『知っておきたい魔法・魔具と魔術・召喚術』高平鳴海監修／西東社、『コカ・コーラ 知っているようで知らない会社の物語』カス・センカー、こどもくらぶ編／彩流社、『バッキンガム宮殿の日常生活』ベルトラン・メヤ・スタブレ、新倉真由美訳／文園社、『藤森照信読本』藤森照信、二川幸夫、二川由夫、伊東豊雄／エーディーエー・エディタ・トーキョー、『モスクワ地下鉄「地下宮殿」の世界』岡田譲／東洋書店、『ヴィジュアル版 超古代オーパーツ図鑑』並木伸一郎／学研パブリッシング、『エーゲ海の修道士―聖山アトスに生きる―』川又一英／集英社、『チンギス・カン〝蒼き狼〟の実像』白石典之／中央公論社、ほか

【参考ホームページ】

AFP BB NEWS,NHK for School,NNA.EU,THE SCOTSMAN,RETRIP,JICA,NHKオンライン、東洋経済オンライン、日経ビジネスオンライン、朝日新聞デジタル、ロイター、日本経済新聞、北海道、環境省、防衛省・自衛隊、海上保安庁 海洋情報部、御殿場市、堺市、近畿日本鉄道、阪急交通社、知床五湖、知床財団、知床自然センター、水のカムイ観光圏～釧路湿原・阿寒・摩周～、小学生のための世界遺産プロジェクト ユネスコキッズ、DTACエチオピア観光情報局、DTACミャンマー観光情報局、エイビーロード、TRIPPING！東南アジアの今が分かる旅の情報サイト、ファイブ・スター・クラブ、株式会社クルーズライフ、日本コカコーラ、ナショナルジオグラフィック日本版、ロシアNOW、JAXA第一宇宙技術部門、廃虚検索地図、悪のニュース記事、世界史の窓（http://y-history.net/）ほか

【画像クレジット】

※本書では歴史的な記述等に関してはその世界観を損なわないよう、できるだけ当時に使われていた表記や表現、文言などを尊重して掲載しました。

一般人は入れない立入禁止地帯
【危険度MAX版】

平成28年5月20日第一刷

編者　歴史ミステリー研究会

製作　新井イッセー事務所

発行人　山田有司

発行所　株式会社彩図社
東京都豊島区南大塚3-24-4
ＭＴビル　〒170-0005
TEL：03-5985-8213FAX：03-5985-8224

印刷所　新灯印刷株式会社

URL　http://www.saiz.co.jp
https://twitter.com/saiz_sha

ISBN978-4-8013-0146-7 C0020